McDOUGAL LITTELL

¡En español!

CUADERNO

Más práctica

Más práctica Level 3

Copyright © 2000 by McDougal Littell Inc.

ISBN: 0-395-95810-5

11 12 13 14 15 – MDO – 09 08 07 06 05

TABLE OF CONTENTS

CUADERNO Más práctica

GRAMÁTICA: VERBS WITH SPELLING CHANGES 🌀🌀🌀🌀🌀

 10 La deportista

Tienes una amiga que es muy deportista. Ella te dice varias cosas. Escribe lo que te dice usando el **pretérito** de los verbos.

1. domingo

Juego fútbol el domingo.

_____

2. lunes

El lunes Carla y Mauricio van al partido de voleibol.

_____

3. martes

El martes empiezan los partidos de tenis.

_____

4. miércoles

El miércoles pago los boletos para las entradas de béisbol.

_____

5. jueves

El jueves investigo equipos que participan en el juego de baloncesto.

_____

6. viernes

El viernes yo busco el equipo para jugar fútbol americano con Alberto.

_____

ACTIVIDAD 11 Papá

Tu papá ha estado fuera de casa en un viaje de negocios. Acaba de regresar y te hace muchas preguntas sobre lo que ocurrió mientras él estaba de viaje. Contéstale afirmativamente usando la explicación entre paréntesis en tu respuesta.

1. ¿Empezaste la tarea? (hace dos horas)

_____

2. ¿Llegaste a tiempo al colegio? (cuando sonó el timbre)

_____

3. ¿Jugaste en el partido del sábado? (casi todo el partido)

_____

4. ¿Buscaste el regalo para tu madre? (el perfume que le gusta)

_____

5. ¿Sacaste la basura? (anoche)

_____

6. ¿Almorzaste hoy? (en un restaurante argentino)

_____

ACTIVIDAD 12 ¿A qué hora?

Dile a tu compañero(a) de clase a qué hora hiciste las siguientes cosas.

1. llegar a casa

_____

2. empezar a hacer la tarea

_____

3. practicar el piano

_____

4. sacar la basura

_____

5. buscar un programa en la tele

_____

GRAMÁTICA: PRETERITE OF STEM CHANGING VERBS

ACTIVIDAD 13 Escuchar: Enrique

Tape 1 · SIDE B
CD 1 · TRACK 9

Enrique fue a cenar en casa de su amiga Marta, pero no le fue muy bien. Escucha su descripción de la noche. Luego, completa las oraciones según su descripción.

1. Su amiga Marta _____ mucha comida.

2. Enrique _____ comiendo hasta que terminó.

3. Enrique _____ enfermo.

4. Enrique _____ un taxi.

5. Enrique _____ en el taxi.

6. Enrique no _____.

ACTIVIDAD 14 Los tres amigos

Joaquín salió con sus dos amigas, Carolina y Esperanza. Él quería hacer una cosa, y ellas querían hacer otra. Di lo que prefirió él y lo que prefirieron ellas.

modelo: salir a las seis/salir a las siete
<u>Joaquín prefirió salir a las seis. Carolina y Esperanza prefirieron</u>
<u>salir a las siete</u>.

1. ir a comer/ir de compras _____

_____

2. el restaurante argentino/el restaurante chileno _____

_____

3. la carne/el pescado _____

_____

4. pagar en efectivo/pagar con tarjeta de crédito _____

_____

5. regresar a casa/salir a bailar _____

_____

PRELIMINAR
CUADERNO
Más práctica

15 También

Tú saliste el sábado por la noche. Tu amiga Celia y tus amigos Donaldo y Rogelio también salieron el sábado. Di que tus amigos hicieron las mismas cosas que hiciste tú. Sigue el modelo.

modelo: Yo me vestí en ropa informal. <u>Celia también se vistió en ropa informal.</u>
<u>Donaldo y Rogelio también se vistieron en ropa informal.</u>

1. Yo preferí ir a la fiesta en coche. _____

_____

2. Yo le pedí direcciones a su casa a Inés. _____

_____

3. Yo seguí las instrucciones para llegar a su casa. _____

_____

_____

4. Yo me divertí muchísimo. _____

_____

5. Yo me despedí a las once. _____

_____

16 ¿Cómo se sintieron?

Esta semana todos tus amigos pasaron por muchas emociones. Di cómo se sintieron varios de tus amigos y por qué. Usa las emociones de la lista si quieres.

> tranquilo   contento   nervioso   alegre   enfermo
> preocupado   cansado   triste   deprimido

1. _____

2. _____

3. _____

4. _____

5. _____

6. _____

PRELIMINAR

CUADERNO
Más práctica

GRAMÁTICA: IRREGULAR PRETERITES

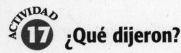

ACTIVIDAD 17 ¿Qué dijeron?

Tu familia está en casa un domingo por la tarde y todos se sienten de diferentes maneras. Tu mamá quiere saber qué dijeron todos los miembros de la familia. Dile qué dijeron.

modelo: Delia y Dulce (tener frío) <u>Dijeron que tenían frío.</u>

1. papá (tener hambre) _____

2. yo (tener sed) _____

3. nosotros (tener sueño) _____

4. tú (tener prisa) _____

5. Ana y Luz (tener calor) _____

6. usted (tener ganas de estar afuera) _____

ACTIVIDAD 18 Viajes por los países andinos

Varios de tus amigos fueron a diferentes países andinos para sus vacaciones. Di adónde fueron.

1. Daniel: Cuzco, la capital del imperio inca

_____

_____

2. nosotros: Lago Titicaca, el lago navegable más alto del mundo

_____

_____

3. yo: la reserva biológica Canaima, la tercera más grande del mundo

_____

_____

4. Gabriel y Ángela: Museo de Oro, donde hay objetos de arte de todo tipo

_____

_____

5. tú: la Cordillera de los Andes, que pasa por todos los países andinos

_____

_____

PRELIMINAR

CUADERNO
Más práctica

ACTIVIDAD 19 Quito

Érica y su esposo Javier fueron a Ecuador por primera vez hace unos meses. Ella le escribe una carta a su mamá describiendo sus vacaciones. Completa la carta con el pretérito de los verbos entre paréntesis.

Querida mamá:

Quito es una ciudad increíble. Javier y yo _____ (andar) por toda la

ciudad. Él me _____ (decir) que le encantaba Quito. Un día nosotros

_____ (estar) en el centro colonial de Quito por cuatro o cinco horas. Al día

siguiente, _____ (hacer) una excursión a la Mitad del Mundo.

_____ (ir) en autobús. _____ (ponerse) unos suéteres porque

hacía un poco de frío. _____ (querer) quedarnos más tiempo pero ya salía

el autobús. Ese día _____ (saber) por qué dicen que Ecuador es un país

hermoso. Cuando vengas a visitar, ¡vas a ver que _____ (traer) muchos

recuerdos bonitos de ese país tan maravilloso!

Con mucho cariño, tu hija Érica

ACTIVIDAD 20 Perú

Imagínate que fuiste a Perú. Contesta las preguntas a continuación sobre tu viaje a Perú. Si necesitas hacer más investigaciones en la biblioteca o por Internet para poder contestar las preguntas, hazlas.

1. ¿Adónde fuiste? _____

2. ¿Qué hiciste? _____

3. ¿Dónde estuviste? _____

4. ¿Qué pudiste ver? _____

5. ¿Qué clase de ropa te pusiste? _____

6. ¿Qué quisiste? _____

ESCUCHAR

ACTIVIDAD 1 La foto

A fin de año, Marta sacó esta foto con tres de sus profesores favoritos. Escucha la descripción de cada persona y decide si la descripción es correcta o no. Si es correcta, marca **sí**. Si no es correcta, marca **no**.

Marta   el señor Iglesias   el señor Montalban   la señorita Rodríguez

1. sí   no   **3.** sí   no

2. sí   no   **4.** sí   no

ACTIVIDAD 2 En la fiesta

Estás en una fiesta y oyes a varias personas hablar de otras personas que también están en la fiesta. Escucha las conversaciones. Luego, subraya las palabras que describen a cada persona.

1. Carlos
   a. alto   **b.** pelo rojizo   **c.** lleva anteojos
2. Marisa
   a. baja   **b.** pelo rubio   **c.** lleva cola de caballo
3. Arturo
   a. pelo largo   **b.** delgado   **c.** lleva ropa elegante
4. Teresa
   a. usa lentes de contacto   **b.** pelo corto con flequillo **c.** gorda

Nombre _____ Clase _____ Fecha _____

 **3** **Mis primos**

Ángela le describe a su mejor amiga cómo son sus primos. Escucha sus descripciones.
Luego, completa las oraciones con la palabra más apropiada de la lista.

> mimado
> atrevido
> comprensivo
> considerado
> modesto
> vanidoso

1. Martín es _____.

2. Álvaro es _____.

3. Mireya es _____.

4. Sergio es _____.

5. Sonia es _____.

6. Rosalinda es _____.

 4 **¿Quién es?**

En la clase de español, todos escriben una descripción física de cómo son. La profesora
lee cada descripción a la clase y la clase adivina quién es el autor. Después de escuchar
las descripciones y la reacción de la clase, escribe una oración que menciona las
características de cada persona. Sigue el modelo.

modelo: Arturo tiene muchas pecas en la cara.

1. _____

2. _____

3. _____

4. _____

5. _____

6. _____

Nombre ___Beginald Marcellus___ Clase _____ Fecha _____

VOCABULARIO

ACTIVIDAD 5 Opiniones

Todos tienen opiniones diferentes. Para saber qué piensa cada persona en la clase de español, completa sus oraciones con la palabra o frase que tenga más sentido.

> a diferencia de
> lo bueno/lo malo
> lo más/lo menos
> lo mejor/lo peor
> por un lado/por otro lado

1. «_____ es que tenemos mucha tarea para la clase de español. _____ es que el profesor nos dio dos semanas para completarla».

2. «_____, veo que Fernando tiene razón. _____, también estoy de acuerdo con Luis».

3. «_____ importante es que saque una buena nota en el examen. _____ importante es que tenga tiempo para divertirme».

4. «Miguel es estudioso, _____ su hermana, quien es muy perezosa».

5. «Mirar los videos es _____ de la clase. Hacer ejercicios de gramática es _____».

ACTIVIDAD 6 La familia Anguiano

Marisela piensa en su niñez. Usa el imperfecto de los verbos y completa sus pensamientos.

> resolver
> influir
> compartir
> tener en común
> respetar
> hacerle caso a
> discutir

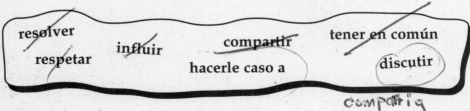

«Mi hermano mayor era muy generoso. Siempre ___compartía___ sus juguetes. Yo ___tenía en común___ el amor por los deportes con mi hermano menor».

«Mi abuelo era muy estricto. Si no ___le hacía caso a___, se enojaba mucho. Mi abuela ___resolvía___ los problemas de todos. Nuestros padres ___influían___ mucho en nuestras decisiones».

«En mi familia, nosotros siempre ___respetábamos___ los deseos de los demás, pero a veces ___discutíamos___».

¡En español! Level 3

ACTIVIDAD 7 El cine

Vas a ir al cine con cuatro amigos y los describes a tus padres.

modelo: <u>Mi amiga Cristina es de estatura mediana y delgada. Tiene el pelo rojizo. Generalmente lo lleva en cola de caballo con flequillo.</u>

1. mi amiga _____
_____

2. mi amigo _____
_____

3. mi amiga _____
_____

4. mi amigo _____
_____

ACTIVIDAD 8 El anuario

Mira la foto del anuario *(yearbook)*. Escoge a cuatro personas y dales un nombre. Escribe algunas oraciones describiendo las características físicas de esas personas y algunas describiendo las características de sus personalidades.

_____
_____
_____
_____
_____
_____

GRAMÁTICA: REVIEW OF IMPERFECT FORMS

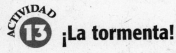

ACTIVIDAD 13 ¡La tormenta!

Anoche hubo una tormenta. ¿Qué estaban haciendo todos?

modelo: yo: leer el periódico
       Yo leía el periódico.

1. tú: usar el Internet

   _____

2. nosotros: ver un programa en la televisión

   _____

3. mamá: escribir una carta

   _____

4. mis hermanas: estudiar

   _____

5. yo: pasar la aspiradora

   _____

ACTIVIDAD 14 ¡Cómo cambian las cosas!

Tu abuela te está contando cómo era la vida cuando ella era niña. Usa el imperfecto de los verbos entre paréntesis para completar su cuento.

Cuando yo **1.** _____ (ser) niña, la vida **2.** _____ (ser) muy diferente. Por ejemplo, ustedes van a la escuela en autobús o en coche. Nosotros **3.** _____ (ir) a la escuela a pie. No **4.** _____ (haber) computadoras personales. Mi hermano y yo **5.** _____ (hacer) la tarea con papel y bolígrafo, no en la computadora. Internet no **6.** _____ (existir). No **7.** _____ (nosotros: hablar) por teléfonos celulares. ¿Te lo puedes imaginar?

¡La televisión que **8.** _____ (nosotros: tener) era en blanco y negro! **9.** _____ (nosotros: ver) la tele muy poco. Para entretenerme, yo **10.** _____ (leer) en vez de ver televisión. Mi hermano y yo no **11.** _____ (salir) mucho. **12.** _____ (nosotros: acostarse) muy temprano para no usar mucha electricidad.

¡Cómo cambian las cosas!

GRAMÁTICA: REVIEW OF IMPERFECT FORMS

 ¿Cómo eran?

Un(a) amigo(a) nuevo(a) tuyo(a) quiere saber cómo eran varias personas que conocías en tu niñez. Usando el imperfecto, escribe una oración sobre cada persona que conocías. Usa la información en las dos columnas para describir a cada persona.

modelo: <u>Mi amiga Yolanda era perezosa. Nunca hacía la tarea a tiempo.</u>

desagradable	nunca hablar de sus éxitos
atrevido	sus papás darle todo lo que pedía
modesto	siempre estar de mal humor
mimado	siempre ayudar a sus amigos
fiel	fascinarle los deportes peligrosos

1. _____

2. _____

3. _____

4. _____

5. _____

 ¿Qué hacían?

¿Qué hacían todos cuando eran niños? Escribe una oración que describa las actividades de tus amigos y sus familias cuando eran niños.

modelo: acampar / en las montañas / todos los veranos
<u>Viviana y su familia acampaban en las montañas todos los veranos.</u>

1. alquilar / videos / todos los domingos por la tarde

_____

2. bailar / en la discoteca / los sábados por la noche

_____

3. cantar / en voz alta / en la ducha

_____

4. cocinar / para su familia / una vez por semana

_____

5. escuchar / música rap / en el coche

_____

¡En español! Level 3

GRAMÁTICA: PRETERITE VS. IMPERFECT

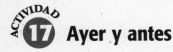 **Ayer y antes**

Tu hermano, un estudiante universitario, vino a pasar unos días en casa. Ha cambiado muchos de sus hábitos. Di qué hizo ayer y qué hacía antes. Sigue el modelo.

modelo: comprar un traje muy elegante / comprar ropa muy informal
Ayer compró un traje muy elegante.
Antes compraba ropa muy informal.

1. trabajar todo el día / no gustarle trabajar

_____

2. limpiar su cuarto / nunca limpiar su cuarto

_____

3. estudiar para un examen / no estudiar para sus exámenes

_____

4. hacer mucho ejercicio / no hacer ejercicio

_____

5. compartir sus CDs conmigo / no compartir sus CDs conmigo

_____

18 **Un viaje**

En su diario, Sonia describe un viaje a San Miguel de Allende que hizo cuando tenía quince años. Completa su descripción con las formas apropiadas de los verbos entre paréntesis. Fíjate muy bien en el uso del pretérito y del imperfecto.

Cuando yo **1.** _____ (ser) niña, mis padres siempre nos **2.** _____ (llevar) a México para las vacaciones. Un verano, ellos **3.** _____ (decidir) que **4.** _____ (querer) llevarnos a San Miguel de Allende. Yo no **5.** _____ (querer) ir porque **6.** _____ (tener) quince años y **7.** _____ (preferir) quedarme en casa y pasar el verano con mis amigos. Ellos **8.** _____ (insistir) que yo **9.** _____ (tener) que ir. Nosotros **10.** _____ (dar) un paseo por San Miguel de Allende a pie. En la plaza **11.** _____ (nosotros: sentarse) a descansar. La ciudad es bellísima.

GRAMÁTICA: PRESENT AND PAST PERFECT

ACTIVIDAD 19 Emociones

Es un día de muchas emociones. ¿Por qué se siente así cada persona?

modelo: ¿Por qué está enojada mamá? (nosotros: no lavar los platos)
<u>Mamá está enojada porque nosotros no hemos lavado los platos.</u>

1. ¿Por qué está contento papá? (tú: lavar el carro)

_____

2. ¿Por qué está furiosa Abuela? (perrito: destruir su jardín)

_____

3. ¿Por qué está disgustado mi tío? (mis primos: no hacer la tarea)

_____

4. ¿Por qué está preocupado mi abuelo? (mi abuela: no regresar de la tienda)

_____

5. ¿Por qué está triste mi tía? (ella: no ver a mis primos hoy)

_____

ACTIVIDAD 20 La quinceañera

Tu amiga Consuelo iba a tener una fiesta de quinceañera, pero no pudo porque se rompió la pierna en un partido de fútbol. Di lo que ya habían hecho ella y sus familiares para la fiesta.

modelo: su mamá: ordenar el pastel
<u>Su mamá ya había ordenado el pastel.</u>

1. nosotros: enviar las invitaciones

_____

2. las damas: comprar sus vestidos

_____

3. tú: comprar el regalo

_____

4. su padre: reservar el salón de baile

_____

5. sus tías: planear el menú

_____

ESCUCHAR

ACTIVIDAD 1 ¿Qué necesitan?

Tus amigos necesitan varias cosas. Escucha lo que dicen y escoge el objeto que necesitan.

1. a. billetera
   b. medalla
   c. sudaderas

2. a. monedero
   b. bolso
   c. pendientes

3. **a.** bolso
   b. billetera
   c. llavero

4. a. prendedor
   b. llavero
   c. monedero

5. **a.** monedero
   b. billetera
   c. cadena

ACTIVIDAD 2 Verónica, la crítica

Tu amiga Verónica cree que es crítica de la moda. Siempre critica el vestuario de sus amigos. Escucha sus comentarios y completa las oraciones con la descripción del artículo de ropa que critica.

1. María lleva una falda de ___color brillante___.

2. Juancho lleva una chaqueta de ___cuero___.

3. Mireya lleva un vestido ___estan___.

4. Ricardo lleva una camisa de ___poliéster___.

5. Sonia lleva una blusa de ___lunares___.

6. Ernesto lleva unos pantalones de ___seda___.

ACTIVIDAD 3 Comentarios

Mira los dibujos de unos chicos en tu colegio. Escucha los comentarios de varias personas sobre su vestuario. Di si el comentario es **cierto** o **falso,** según el dibujo.

Bill

Evadina

Brendan

Inés

Hernán

1. _____ la chaqueta _____ (Cierto / (Falso))

2. _____ muy comada _____ ((Cierto) / Falso)

3. _____ muy incomado _____ ((Cierto) / Falso)

4. _____ vestido _____ (Cierto / (Falso))

5. _____ estrecho _____ (Cierto / (Falso))

ACTIVIDAD 4 El desfile de modas

Un crítico describe el vestuario de cuatro modelos que desfilan en la televisión. Escribe una oración completa para cada modelo mencionando por lo menos tres características de la ropa que llevan.

1. Cindy Chávez _____

_____

2. Miguel Johnson _____

_____

3. Kate Martínez _____

_____

4. Gustavo González _____

_____

GRAMÁTICA: VERBS LIKE *gustar*

ACTIVIDAD 9 Una encuesta

Delia hizo una encuesta sobre la moda en su clase de español. Éstos son los resultados.
Subraya la frase correcta para cada uno de sus resultados.

1. A mí (me gusta/me gustan) los pendientes de oro.

2. A Rosario (le gusta/le gustan) la ropa moderna.

3. A ti (te gusta/te gustan) las sudaderas de algodón.

4. A Luz y Nicolás (les gusta/les gustan) los colores brillantes.

5. A nosotros (nos gusta/nos gustan) el vestuario de la profesora.

6. A Martín y Mario (les gusta/les gustan) la ropa comóda.

7. A Ángel (le gusta/le gustan) los pantalones de mezclilla.

ACTIVIDAD 10 ¿Bien o mal?

¿Crees que el artículo de ropa o el accesorio le queda bien o mal a la persona
mencionada? Da tu opinión.

modelo: yo (chaqueta) <u>La chaqueta me queda bien</u>. o <u>La chaqueta me queda mal</u>.

1. yo (zapatos) _____

2. tú (blusa) _____

3. a los futbolistas (uniforme) _____

_____

4. a Gregorio (chaleco) _____

_____

5. a Bárbara (sudaderas) _____

6. a Cynthia y a Clara (botas) _____

_____

7. tú (pendientes) _____

GRAMÁTICA: VERBS LIKE *gustar* 〰〰〰〰〰〰〰〰〰〰〰〰〰〰〰

ACTIVIDAD 11 ¡Comida!

¿A quién no le encanta la comida? Sin embargo, todos tienen gustos diferentes. Di a quién le gusta qué tipo de comida.

modelo: a mí: tortillas mexicanas <u>Me encantan las tortillas mexicanas.</u>

1. a mí: tortilla española

　　Me encanta la tortilla española

2. a ti: pollo asado

　　Te encanta el pollo asado

3. a mi papá: chiles verdes

　　Le encantan los chiles verdes

4. a mis hermanos y a mí: comida puertorriqueña

　　Nos encanta la comida puertorriqueña

5. a mis primos: frijoles negros

　　Les encantan los frijoles negros.

ACTIVIDAD 12 ¡Nos fascina!

Gerardo describe los gustos de varias personas. ¿Qué dice Gerardo?

modelo: a usted: fascinar (la ficción méxicoamericana)
　　　　　<u>A usted le fascina la ficción méxicoamericana.</u>

1. a mí: interesar (la poesía cubanoamericana)

　　A mí me interesa la poesía cubanoamericana

2. a usted: fascinar (el arte moderno)

　　A usted le fascina el arte moderno

3. a ti: gustar (la música rock)

　　A ti te gusta la música rock

4. a mi abuela: molestar (el ruido de la la televisión)

　　A mi abuela le molesta el ruido de la tele

5. a nosotros: importar (los estudios)

　　A nosotros nos importan los estudios

6. a mis primos: encantar (las artes marciales)

　　A mis primos les encantan las artes marciales

ACTIVIDAD 13 ¿Sabes?

¿Sabes lo que les encanta, fascina, molesta, interesa o importa a tus amigos y familiares? Escribe por lo menos cinco oraciones que describan los intereses de ellos. Usa las ideas de la lista, o si prefieres, usa tus propias ideas.

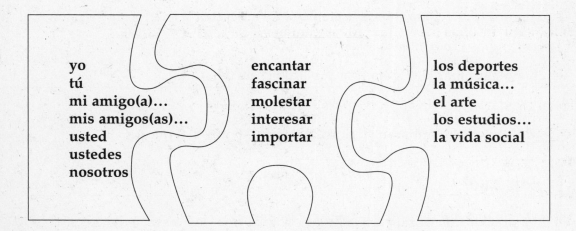

yo
tú
mi amigo(a)…
mis amigos(as)…
usted
ustedes
nosotros

encantar
fascinar
molestar
interesar
importar

los deportes
la música…
el arte
los estudios…
la vida social

1. _____

2. _____

3. _____

4. _____

5. _____

6. _____

7. _____

GRAMÁTICA: REVIEW OF *por* AND *para*

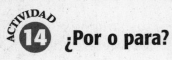

14 ¿Por o para?

Subraya la preposición Que mejor completa cada oración.

1. Caminamos (por / para) horas hasta llegar al albergue.

2. El huracán pasó (por / para) el este del estado.

3. Tengo que terminar el trabajo (por / para) el este del estado.

4. A mí me da miedo viajar (por / para) avión.

5. Cuando conocí al hombre misterioso, iba (por / para) Matamoros.

15 ¿Por qué?

Escribe una oración con **por** o **para** conforme a cada una de las siguientes reglas.

Por	Para
passing through	for whom something is done
general, unspecified location	destination
how long something lasts	purpose for doing something
the cause of something	to express an opinion
an exchange	contrast or compare
means of transportation	a deadline

1. _____

2. _____

3. _____

4. _____

5. _____

6. _____

7. _____

8. _____

9. _____

10. _____

11. _____

12. _____

GRAMÁTICA: REVIEW: FUTURE TENSE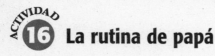

ACTIVIDAD 16 La rutina de papá

Tu papá tiene una rutina muy fija. Un primo está de visita y le explicas qué hará tu papá mañana, como siempre.

modelo: despertarse a las seis <u>Se despertará a las seis</u>.

1. leer el periódico en la cama por media hora

   _____

2. levantarse de la cama a las seis

   _____

3. tomarse una taza de café

   _____

4. ducharse a las siete

   _____

5. afeitarse después de la ducha

   _____

ACTIVIDAD 17 ¡Hay mucho que hacer!

Nadie ha hecho lo que tenía que hacer. Di que mañana lo harán.

modelo: Tú no has limpiado tu cuarto. <u>Limpiarás tu cuarto mañana</u>.

1. Yo no he hecho la tarea.

   _____

2. Mi hermano no ha terminado los quehaceres.

   _____

3. Mi hermana no ha leído la lección de gramática.

   _____

4. Usted no ha salido de la casa en dos días.

   _____

5. Mis hermanos no han tenido tiempo para sus estudios.

   _____

Unidad 1
Etapa 2

CUADERNO
Más práctica

GRAMÁTICA: FUTURE OF PROBABILITY

18 Las compras de tu hermana

Tu hermanito(a) siempre te hace muchas preguntas. Hoy quiere saber muchas cosas sobre las compras de tu hermana. ¿Qué te pregunta y cómo le contestas?

modelo: ir de compras todo el día
Hermanito(a): ¿Irá de compras todo el día?
Tú: No sé si irá de compras todo el día.

1. comprar el vestido de algodón o el vestido de seda

_____

_____

2. tener suficiente dinero para comprar el vestido de seda

_____

_____

3. pedir dinero a mamá

_____

_____

4. ponerse el vestido para el baile del sábado

_____

_____

19 ¿Piensas que sí?

Escribe seis preguntas que les harías a tus compañeros usando el futuro de probabilidad.

modelo: ¿Nos dará un examen hoy la profesora de historia?

1. _____

2. _____

3. _____

4. _____

5. _____

6. _____

¡En español! Level 3

ESCUCHAR 〰〰〰〰〰〰〰〰〰〰〰〰〰〰〰

ACTIVIDAD 1 La mamá de Manolo

La mamá de Manolo acaba de llegar a casa y ve que Manolo no ha hecho lo que ella había pedido. Escucha a la señora Corona y completa sus mandatos para saber qué es lo que quiere que haga Manolo. Escoge de los mandatos en la lista.

a. Cambia la bombilla.

b. Organiza los gabinetes.

c. Desyerba el jardín.

d. Riega las plantas.

e. Vacía el basurero.

1. _____

2. _____

3. _____

4. _____

5. _____

ACTIVIDAD 2 El domingo

Es domingo y todos tienen que ayudar con los quehaceres. Escucha al señor Zapata. Él dice quién va a hacer cada tarea. Debajo de cada dibujo, escribe la letra de la oración que corresponde al comentario del señor Zapata.

1. _____

2. _____

3. _____

4. _____

5. _____

ACTIVIDAD 3 Usted tiene que...

El señor Andrade tiene muchos problemas hoy. Escucha lo que dice. Dile qué tiene que
hacer para resolver sus problemas. Completa las oraciones con las palabras de la lista.

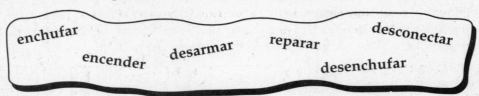

enchufar
encender   desarmar   reparar   desconectar
desenchufar

1. Usted tiene que _____ la computadora.

2. Usted tiene que _____ el cortacésped.

3. Usted tiene que _____ el teléfono.

4. Usted tiene que _____ la impresora.

5. Usted tiene que _____ el televisor.

6. Usted tiene que _____ el carro.

ACTIVIDAD 4 Servicio de Limpieza Brilla

Escucha la conversación entre el señor Enríquez y el Servicio de limpieza Brilla. Escribe
los servicios que ofrecen y los que no ofrecen en la columna correcta.

Servicios que ofrecen	Servicios que no ofrecen
_____	_____
_____	_____
_____	_____
_____	
_____	

GRAMÁTICA: REVIEW: REFLEXIVES AS RECIPROCALS

ACTIVIDAD 13 Relaciones

Según la primera oración, ¿tiene sentido la última? Si tiene sentido la última oración, marca **sí.** Si no tiene sentido, marca **no** y escríbela en el espacio en blanco.

1. Son muy buenas amigas. Se llevan mal. (sí/ no)

_____

2. Se conocieron ayer. Se conocen bien. (sí/ no)

_____

3. Nunca están de acuerdo. Se pelean frecuentemente. (sí /no)

_____

4. A veces se pelean. Pero siempre se perdonan. (sí /no)

_____

5. Son amigos desde niños. Cuando se ven en la calle, se saludan. (sí /no)

_____

6. No les gusta hablar. Se telefonean todos los días. (sí/no)

_____

ACTIVIDAD 14 Mi madre y mi madrina

Tu madre y tu madrina han sido amigas desde niñas. Escoge el verbo entre paréntesis que le dé más sentido a la oración. Luego, completa las oraciones con el imperfecto de ese verbo.

1. Siempre _____en momentos difíciles. (apoyarse/conocerse)

2. Ellas _____ desde niñas en el colegio. (quejarse/conocerse)

3. _____ mal con el resto del mundo. (llevarse/odiarse)

4. Nunca _____ de su amistad. (quejarse/telefonearse)

5. Al entrar a una fiesta, _____ antes de saludar a los demás. (contarse/saludarse)

6. _____ todas las noches. (conocerse/telefonearse)

Unidad 1
Etapa 3

CUADERNO
Más práctica

ACTIVIDAD 15 ¡Enojados!

Tu amigo te cuenta sobre otro amigo. ¡Están muy enojados! Escribe una oración en el pretérito que describa cómo se trataron el uno al otro.

modelo: Cuando me pidió ayuda, no se la di. Cuando yo le pedí ayuda, él tampoco me la dio. <u>No se ayudaron</u>.

1. Cuando me mandó un mensaje por Internet, no lo llamé por teléfono. Cuando yo le mandé un mensaje por Internet, él tampoco me llamó.

   _____

2. Cuando le pedí perdón, no me perdonó. Cuando él me pidió perdón, yo tampoco lo perdoné. _____

3. Cuando lo vi en la calle, no lo saludé. Cuando él me vio a mí, tampoco me saludó.

   _____

4. Cuando se me olvidó su cumpleaños, él se quejó. Cuando a él se le olvidó mi cumpleaños, yo también me quejé. _____

5. Cuando él necesitaba apoyo, yo no lo apoyé. Cuando yo necesitaba apoyo, él tampoco me apoyó. _____

ACTIVIDAD 16 Mi tía y tío

Tu tía te describe la relación entre ella y tu tío cuando empezaron a ser novios. ¿Qué dice ella? Usa el imperfecto para describir la relación entre ellos.

modelo: apoyarse en todo momento
   <u>Nos apoyábamos en todo momento</u>.

1. ayudarse en todo _____

2. conocerse muy bien _____

3. contarse chismes _____

4. llevarse muy bien _____

5. nunca odiarse _____

Unidad 1
Etapa 3

CUADERNO
Más práctica

VOCABULARIO ⊚⊚⊚⊚⊚⊚⊚⊚⊚⊚⊚⊚⊚⊚⊚⊚⊚⊚⊚⊚⊚⊚

ACTIVIDAD 5   El ensayo

Completa las oraciones con las palabras correctas de la lista.

> resolver   participa   seres humanos   ciudadano(a)
>
> derechos humanos   convivir   votar   discriminación

1. Es importante ___votar___ en todas las elecciones.

2. Todos somos ___seres humanos___, todos tenemos cosas en común.

3. En algunas ciudades hay mucha ___discriminación___ contra la gente sin hogar.

4. El (La) buen(a) ___ciudadano___ ofrece su tiempo y su servicio.

5. Tenemos que aprender cómo _____ con nuestros vecinos.

6. Para ___resolver___ los problemas de la comunidad hay que trabajar juntos.

7. ___Participa___ en las actividades de tu comunidad.

8. Hay organizaciones que se dedican a la preservación de los ___derechos humanos___.

ACTIVIDAD 6   ¿Podrías ayudarme?

Varios amigos te piden ayuda. Decide si los puedes ayudar o no. Si decides que no, dales una respuesta que explique por qué no los puedes ayudar. Answers will vary.

1. Hoy vamos a recoger basura en el parque. ¿Podrías darnos una mano?

   _____

2. Voy a llevar toda la ropa que no uso al centro de la comunidad. ¿Me ayudas?

   _____

3. Tenemos que juntar fondos para la campaña contra la pobreza. Vamos a ir de casa en casa pidiendo dinero. ¿Puedes ayudarnos?

   _____

4. ¿Puedes hacerme un favor? Los sábados trabajo como voluntario en el comedor de beneficencia, pero este sábado no puedo. ¿Puedes ir por mí?

   _____

ACTIVIDAD 7 La comunidad

Tú y tus amigos han decidido que quieren participar en las actividades de la comunidad. Se han juntado para decidir quién va a participar en cada actividad. Escribe dos oraciones para explicar quién va a hacer cada actividad.

1. _____
_____

2. _____
_____

3. _____
_____

4. _____
_____

5. _____
_____

ACTIVIDAD 8 ¡Ayúdame!

Tú le pides a tu amigo(a) que te ayude con varios trabajos comunitarios, pero él o ella siempre te dice que no puede. Convéncelo que debería participar en tres actividades.

modelo: *Tú:*   Vamos a poner pósters por todo el pueblo. Son para la campaña para embellecer la ciudad. ¿Puedes ayudarme?
Amigo(a):   No, lo siento mucho, pero estoy agotado.
Tú: ¿No sabes que es muy importante educar al público sobre la importancia de mantener la ciudad limpia? Si nosotros no cuidamos de nuestros parques y calles, ¿quién lo hará?

_____

_____

GRAMÁTICA: REVIEW: COMMAND FORMS

ACTIVIDAD 9 ¡Hazlo! ¡No lo hagas!

Tienes dos amigos(as) que tienen actitudes diferentes hacia el servicio a la comunidad. Uno(a) te dice que hagas algo, y el(la) otro(a) te dice que no lo hagas. ¿Qué te dicen?

modelo: ir al centro de la comunidad
  Amigo(a) 1: Ve al centro de la comunidad.
  Amigo(a) 2: No vayas al centro de la comunidad.

1. donar tu ropa usada

_____

_____

2. participar en la campaña para embellecer la ciudad

_____

_____

3. trabajar para la solución

_____

_____

4. luchar contra el prejuicio

_____

_____

ACTIVIDAD 10 La tía Eulalia

Tu tía Eulalia es muy despistada. Dale consejos sobre su rutina diaria.
modelo: caminar un rato por las tardes
  <u>Camine un rato por las tardes</u>.

1. tener cuidado con las escaleras

_____

2. no perder sus anteojos

_____

3. guardar sus libros en el estante

_____

Nombre _____ Clase _____ Fecha _____

GRAMÁTICA: REVIEW: *NOSOTROS* COMMANDS ⊙⊙⊙⊙⊙⊙

ACTIVIDAD **11** El fin de semana

Varios amigos pasan el fin de semana contigo en tu casa. Sugiérele varias actividades al grupo.

modelo: alquilar un video.
    <u>Alquilemos un video. ¿Qué les parece?</u>

1. bailar toda la noche _____

2. abrir las ventanas _____

3. cantar una canción _____

4. descansar un rato _____

5. leer el periódico _____

ACTIVIDAD **12** El grupo de conversación

Mientras usas Internet, encuentras un grupo de conversación que tiene como su objetivo mejorar la situación mundial. ¿Qué dicen? Completa sus oraciones con la forma correcta del verbo entre paréntesis.

modelo: «<u>Aprendamos</u> cómo convivir con nuestros vecinos». *(aprender)*

1. «_____ las dificultades de no tener un hogar». *(comprender)*

2. «_____ nuestras casas a los menos afortunados». *(abrir)*

3. «_____ en mejorar la situación mundial». *(insistir)*

4. «_____ en paz». *(vivir)*

5. «_____ la solución a la guerra». *(encontrar)*

6. «_____ que todos somos iguales». *(recordar)*

7. «_____ la importancia de eliminar la discriminación». *(reconocer)*

¡En español! Level 3

GRAMÁTICA: REVIEW: CONDITIONAL TENSE

 Yo sería...

Eres candidato(a) para presidente de tu clase. ¿Qué les prometes a tus compañeros en tu discurso *(speech)*? Usa el condicional de los verbos.

1. organizar / fiesta de fin de año

_____

2. hablar / con la administración

_____

3. juntar / fondos para un nuevo gimnasio

_____

4. pensar / en modos de mejorar la vida de los estudiantes.

_____

5. terminar / con tarea y exámenes

_____

 El centro de beneficencia

Conociste a un señor que quiere abrir un centro de beneficencia. Él te dijo qué haría si pudiera abrirlo. ¿Qué haría?

modelo: servir comida todo el día.

Él dijo que serviría comida todo el día.

1. comprar más camas

_____

2. invitar al alcalde para ver el refugio

_____

3. colaborar con la ciudad

_____

4. donar su tiempo

_____

5. hacer un esfuerzo para ayudar a la gente sin hogar

_____

GRAMÁTICA: REVIEW: CONDITIONAL TENSE

ACTIVIDAD 15 México y Centroamérica

Todos tienen planes diferentes para su viaje a México o Centroamérica. ¿Qué harían?

1. yo / ir / museo / para ver / pinturas / María Izquierdo

_____

2. tú / proteger / selva tropical / Costa Rica

_____

3. Manuel / comprar / tejidos / guatemalteco

_____

4. Irene / visitar / ruinas de Copán

_____

5. Blanca y Alfredo / comer / cebiche mixto

_____

ACTIVIDAD 16 El grupo humanitario

Si fueras a Centroamérica con un grupo humanitario, ¿qué harías? Escribe seis oraciones que usen las frases o palabras de las dos columnas o, si prefieres, escribe oraciones originales.

ayudar	ropa y comida de los Estados Unidos
participar	a la gente sin hogar
mandar	dinero todos los meses
trabajar de voluntario	todo lo posible para ser buen(a) ciudadano(a)
hacer	en una campaña de alfabetización
traer	en el centro de la comunidad

¡En español! Level 3

ESCUCHAR @@@@@@@@@@@@@@@@@@@@@@@@@@@@@@

ACTIVIDAD 1 El ecólogo

Escucha al ecólogo. ¿Qué problemas ecológicos menciona y cuáles no menciona?
Subraya la respuesta correcta.

1. la contaminación del aire (La menciona / No la menciona)

2. la destrucción de la capa de ozono (La menciona / No la menciona)

3. el desperdicio (Lo menciona / No lo menciona)

4. los derrames de petróleo (Los menciona / No los menciona)

5. la destrucción de los recursos naturales (La menciona / No la menciona)

6. el medio ambiente (Lo menciona / No lo menciona)

ACTIVIDAD 2 Maricarmen

Escucha lo que hace Maricarmen para proteger el medio ambiente. Si Maricarmen dice
que ella lo hace, subraya **sí**. Si dice que no lo hace, subraya **no**. Si no dice nada sobre el
tema, marca **no dice.**

1. compartir el carro con amigos (sí / no / no dice)

2. caminar (sí / no / no dice)

3. usar el transporte público (sí / no / no dice)

4. limitar el uso de aerosoles (sí / no / no dice)

5. reciclar (sí / no / no dice)

6. comprar productos que usan químicos dañinos (sí / no / no dice)

7. echar botellas de vidrio a la basura (sí / no / no dice)

8. instituir programas de reciclaje (sí / no / no dice)

ACTIVIDAD **3** **La tele**

Escucha algunos anuncios de televisión para la preservación del medio ambiente.
Escribe la letra del anuncio debajo del dibujo que lo ilustra. Luego, escribe el problema
ecólogico al que se refiere cada anuncio.

1.   **2.**  **3.**  **4.**   **5.**

___ ___ ___ ___ ___

a. problema ecológico: _____

_____

b. problema ecológico: _____

_____

c. problema ecológico: _____

_____

d. problema ecológico: _____

_____

e. problema ecológico: _____

_____

ACTIVIDAD **4** **El científico**

Un científico respetado habla en una conferencia internacional sobre los problemas
ecológicos del mundo. Escucha lo que dice y escribe la solución que propone para cada
problema ecológico.

1. Problema: los derrames de petróleo

Solución: _____

2. Problema: la destrucción de los recursos naturales

Solución: _____

_____

_____

VOCABULARIO ⌁⌁⌁⌁⌁⌁⌁⌁⌁⌁⌁⌁⌁⌁⌁⌁⌁⌁⌁⌁⌁⌁⌁⌁⌁⌁

ACTIVIDAD 5 ¿Qué concepto?

Cada grupo de palabras pertenece a un concepto que une a esas palabras. Escribe el concepto que describe cada grupo de palabras. Escoge de la lista a continuación.

a. las soluciones   **d.** el planeta

b. el reciclaje   **e.** el medio ambiente

c. la contaminación del aire **f.** los recursos naturales

1. botella, cartón, lata, plástico _____

2. la selva, la fauna silvestre, la flora silvestre, la naturaleza _____

3. el combustible, el petróleo, el contaminante, el smog _____

4. proteger, respetar, no contaminar, cuidar _____

5. desarrollar, instituir, prohibir, reducir _____

6. los seres humanos, la Tierra, el cielo, las especies _____

ACTIVIDAD 6 El examen de ciencias

En el examen de ciencias, tienes que completar seis oraciones con la palabra correcta. Escoge de la lista.

> piedras   fauna silvestre   bosque
> flora silvestre   cielo
> sequía

1. En el _____ hay muchas especies de plantas, árboles y animales.

2. La contaminación sube al _____ hasta llegar a la capa de ozono.

3. La _____ de la selva costarricense incluye jaguares, monos y pájaros.

4. Cuando no hay lluvia por mucho tiempo, ocurre una _____.

5. Algunos insectos viven debajo de las _____.

6. En las selvas de Costa Rica, la _____ incluye unas plantas muy bonitas.

Unidad 2
Etapa 2

CUADERNO
Más práctica

ACTIVIDAD 7 La naturaleza

¿Puedes identificar las cosas en el dibujo? Escribe sus nombres en los espacios en blanco. Luego, escribe una oración para cada cosa.

1. _____ 4. _____

2. _____ 5. _____

3. _____ 6. _____

1. _____

2. _____

3. _____

4. _____

5. _____

6. _____

ACTIVIDAD 8 Los países centroamericanos

Imagina que eres el presidente de un país centroamericano. ¿Cuál sería tu política acerca del medio ambiente? Escríbela abajo.

_____

_____

_____

GRAMÁTICA: REVIEW: SUBJUNCTIVE OF REGULAR VERBS

ACTIVIDAD 9 Proteger el medio ambiente

Entre tus amigos y conocidos, algunos hacen todo lo posible para proteger el medio ambiente y otros no. Completa las oraciones para saber quién se preocupa por el estado del medio ambiente y quién no.

1. Es importante que _____ al colegio. (yo: caminar)

2. Es necesario que _____ productos ecológicos. (tú: comprar)

3. Es peligroso que Viviana _____ aerosoles. (usar)

4. Es lógico que Víctor _____ su carro con sus amigos. (compartir)

5. Es una lástima que ustedes _____ sus botellas de vidrio. (no reciclar)

ACTIVIDAD 10 Es importante

A tu abuelo le interesa mucho el tema de proteger el medio ambiente. Siempre te dice lo que es importante que hagan todos para asegurar el futuro del planeta. ¿Qué dice?

modelo: luchar contra la destrucción de los recursos naturales
Es importante que luchemos contra la destrucción de los recursos naturales.

1. educar al público sobre el medio ambiente

_____

2. conservar más y consumir menos

_____

3. sembrar más árboles

_____

4. recoger toda la basura en el vecindario

_____

5. participar en el programa de reciclaje

_____

Unidad 2
Etapa 2

CUADERNO
Más práctica

GRAMÁTICA: SUBJUNCTIVE OF IRREGULAR VERBS

ACTIVIDAD 11 Recomendaciones

Recomienda al club de ecología lo que deben hacer para proteger el medio ambiente.

modelo: nosotros: reconocer la importancia de la ecología
Es necesario que <u>reconozcamos la importancia de la ecología</u>.

1. ustedes: pertenecer a grupos ecológicos

Es importante que _____.

2. ustedes: estar de acuerdo con los objetivos del grupo

Es importante que _____.

3. ellos: ver la necesidad de instituir programas de reciclaje

Es necesario que _____.

4. usted: ser parte de la expedición a Centroamérica

Es mejor que _____.

ACTIVIDAD 12 Viaje a Centroamérica

Vas a Costa Rica con tu grupo de ecología. Un amigo costarricense les hace varias recomendaciones. Escribe lo que les dice. Usa expresiones impersonales.

1. estar (de acuerdo, preparado/a, de buen humor…)

_____

2. ver (los bosques, las playas, las montañas, el campo)

_____

3. tener (tu mapa, tu tarjeta de identificación, mochila, computadora…)

_____

4. salir (temprano, a tiempo, al mediodía,…)

_____

5. traer (ropa cómoda, tu tienda de campaña, cepillo de dientes,…)

_____

GRAMÁTICA: REVIEW: SUBJUNCTIVE OF STEM-CHANGING VERBS

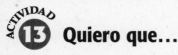

ACTIVIDAD **13** Quiero que...

Tu abuelita está en tu casa de visita. Ella quiere que hagas ciertas cosas. ¿Qué te dice?

modelo: cerrar la puerta
Quiero que cierres la puerta.

1. contarme de tus viajes _____

2. encontrar los libros que te presté _____

3. entender mi situación _____

4. pensar en mí a menudo _____

5. no perder tus gafas _____

ACTIVIDAD **14** El empleado

Acabas de empezar a trabajar en una tienda de productos ecológicos. Javier es el empleado que te tiene que enseñar las responsabilidades de tu trabajo. También hace comentarios sobre la situación en la tienda. ¿Qué te dice?

modelo: necesario / tú / contar / dinero / antes de cerrar la tienda
Es necesario que cuentes el dinero antes de cerrar la tienda.

1. ridículo / jefe / perder / llaves / tan a menudo

_____

2. importante / nosotros / encontrar / llaves / antes de cerrar la puerta

_____

3. lógico / jefe / cerrar / tienda / fines de semana

_____

4. raro / jefe / entender / mis problemas

_____

5. raro / dueños / pensar en / empleados

_____

GRAMÁTICA: REVIEW: PRESENT PERFECT SUBJUNCTIVE

ACTIVIDAD 15 **¡No lo puedo creer!**

Tienes un(a) amigo(a) que no cree nada de lo que le dices. ¿Cómo te responde?

modelo: «Alquilé este video».
   <u>¡No puedo creer que hayas alquilado ese video!</u>

1. «Ésta es la novela que leí».

_____

2. «Trabajé toda la noche».

_____

3. «Vendí mi coche».

_____

4. «No he empezado la tarea».

_____

5. «Navegué por Internet hasta la medianoche».

_____

ACTIVIDAD 16 **¡Es increíble!**

¡Pobre de Silvia! Un amigo te cuenta lo que le pasó a Silvia ayer. Respóndele.

modelo: «Silvia estudió casi toda la noche».
   <u>Es increíble que haya estudiado casi toda la noche</u>.

1.«Silvia durmió soló una hora».

_____

2.«Silvia se despertó tarde».

_____

3.«Silvia perdió el autobús».

_____

ESCUCHAR

ACTIVIDAD 1 Los animales

La profesora de biología explica las características de algunos animales. Escucha sus comentarios y escribe el número de la oración debajo del dibujo que describe.

ACTIVIDAD 2 El parque zoológico

El guía del parque zoológico le explica al público qué animales se pueden ver en las jaulas. Escucha lo que dice y escribe los nombres de todos los animales que menciona.

1. _____

2. _____

3. _____

4. _____

5. _____

6. _____

ACTIVIDAD 3 Los campistas

Martín y Marcelo fueron a acampar. Escucha su diálogo y completa las oraciones con las palabras que faltan.

1. Marcelo necesita _____ para abrir la lata de atún.

2. Marcelo quiere saber dónde está _____ porque ya va a

_____.

3. La linterna está en _____.

4. Martín va a juntar _____ para hacer un _____.

5. Ninguno de los dos tiene _____.

6. Marcelo se va a acostar en su _____.

7. Martín le ofrece una _____ a Marcelo.

ACTIVIDAD 4 El informe

Anabel da un informe a la clase de un viaje que hizo su familia el verano pasado. Escucha su informe y contesta las preguntas a continuación.

1. ¿A qué país centroamericano fueron?

_____

2. ¿Qué es el Biotopo Cerro Cahuí?

_____

3. ¿Qué clase de pájaros vieron?

_____

4. ¿Por dónde caminaron?

_____

5. ¿De qué hay veinticuatro especies?

_____

6. ¿Qué otros animales hay en el refugio?

_____

7. ¿Hasta qué hora se quedaron en el refugio?

_____

Unidad 2
Etapa 3

CUADERNO
Más práctica

VOCABULARIO 〰〰〰〰〰〰〰〰〰〰〰〰〰〰〰〰〰〰

ACTIVIDAD 5 Los Miller

Mira el campamento de la familia Miller. ¿Puedes nombrar todas las cosas que trajeron? Escribe los nombres de los objetos en los espacios en blanco.

1. _____
2. _____
3. _____
4. _____
5. _____

6. _____
7. _____
8. _____
9. _____
10. _____

ACTIVIDAD 6 En el bosque

Lee el comentario de varias personas sobre sus experiencias en el bosque. Completa sus oraciones con las palabras correctas de la lista.

    a. relámpagos   **b.** linterna   **c.** leña   **d.** centígrados   **e.** tienda de campaña

1. «Voy a acampar por tres noches. Traje mi _____».

2. «Quiero hacer un fuego. Necesito juntar _____».

3. «Es tarde y no puedo ver por la oscuridad. Necesito poner la _____».

4. «Hubo muchos_____. ¿Viste los rayos?»

5. «Hacía mucho frío. La temperatura estaba a 10 grados _____».

ACTIVIDAD 7 El ecoturista

Conociste a un ecoturista en tu vuelo a Costa Rica. Escribe seis oraciones que describan lo que te contó el ecoturista de su viaje a las selvas de Costa Rica. Usa las ideas debajo si quieres.

navegar por rápidos el relámpago el refugio de vida silvestre

bucear nadar con tubo de respiración el aguacero

1. _____

2. _____

3. _____

4. _____

5. _____

ACTIVIDAD 8 Solo(a)

Una noche, acampaste solo(a) en un bosque. Escribe una narración que describa tu experiencia. Incluye un incidente cómico. (¿Se te olvidó algo que necesitabas? ¿Te asustaron los ruidos? ¿Pensaste que había animales feroces en el bosque?, etc.)

modelo: Era una noche muy oscura. Me acosté en el saco de dormir y de repente, oí un ruido horrible. Pensé que era un jaguar. ¡Qué susto! No quería salir de la tienda de campaña para ver qué era. Entonces, …

_____

_____

_____

_____

_____

_____

_____

_____

_____

_____

GRAMÁTICA: EXPRESSIONS OF EMOTION

ACTIVIDAD 9 ¡Ojalá!

Te vas de viaje a Nicaragua y tus mejores amigos van al aeropuerto a despedirte. ¿Qué te dicen?

modelo: divertirse
        Ojalá que te diviertas.

1. ver muchas especies de animales

_____

2. haber huracán mientras estás allí

_____

3. navegar por rápidos

_____

4. gustar el campamento

_____

5. ser buen(a) ecoturista

_____

ACTIVIDAD 10 Tu tía

La tía que visitaste en Nicaragua te comenta sobre las cosas que hicieron tú y tus amigos en Nicaragua. Completa sus comentarios con el presente perfecto del subjuntivo de los verbos entre paréntesis.

modelo: Espero que <u>hayan tenido</u> tiempo para navegar. (tú y tus amigos: tener)

1. Me alegro de que _____ la Isla de Ometepe. (tú: conocer)

2. Espero que _____ las ballenas jorobadas. (tú: ver)

3. Ojalá que _____ postales a tu familia. (tú: escribirle)

4. Siento que _____ la finca de las mariposas. (tú y tus amigos: no visitar)

5. Ojalá que este viaje _____ su último viaje a Nicaragua. (no ser)

Unidad 2
Etapa 3

CUADERNO
Más práctica

GRAMÁTICA: EXPRESSING DOUBT AND UNCERTAINTY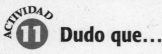

ACTIVIDAD 11 Dudo que...

Tu papá duda sobre lo que le dices de tus amigos que van a acampar en un refugio de vida silvestre. ¿Cómo te responde?

modelo: Mis amigos dicen que van a acampar en un refugio de vida silvestre.

Dudo que acampen en un refugio de vida silvestre.

1. Dicen que va a oscurecer temprano.

_____

2. Dicen que no van a dormir en toda la noche.

_____

3. Dicen que van a ver el amanecer.

_____

4. Dicen que van a volver a las ocho de la mañana.

_____

5. Dicen que hay cocodrilos en el río.

_____

ACTIVIDAD 12 Mal tiempo

Anoche hizo muy mal tiempo en tu vecindario. Le cuentas a un amigo por teléfono cómo estuvo el tiempo. Él no te cree. ¿Cómo te responde cuando le describes lo que pasó?

modelo: Llovió anoche.

No creo que haya llovido anoche.

1. Hubo un huracán anoche.

_____

2. El relámpago me asustó.

_____

3. No pude dormir por los truenos.

_____

4. Estaba a 20 grados centígrados.

_____

GRAMÁTICA: SUBJUNCTIVE:
CONJUNCTIONS OF TIME

13 ¡Ay, mamá!

Tu mamá siempre quiere que la ayudes con los quehaceres. ¿Cuándo te dice que hagas ciertas cosas? Sigue el modelo.

modelo: barrer el piso (tener tiempo) <u>Por favor barre el piso cuando tengas tiempo.</u>

1. sacar la basura (terminar tu tarea)

_____

2. cambiar la bombilla del sótano (bajar a lavar la ropa)

_____

3. lavar la ropa (levantarte de la siesta)

_____

4. pasar la aspiradora (llegar del colegio)

_____

5. limpiar tu cuarto (poder)

14 La niñera

La niñera tiene que cuidar a los niños un viernes por la noche y sábado por la mañana. En su mente hace planes para los dos días. ¿Qué piensa? Usa la frase **en cuanto** para escribir sus pensamientos.

modelo: los niños / bañarse (despedirse: sus padres)

    <u>Los niños se bañarán en cuanto se despidan sus padres.</u>

1. los niños / acostarse (ponerse las pijamas)

_____

2. yo / ayudarlos a los niños con las pijamas (estar listos)

_____

3. yo / leer (acostarse: los niños)

_____

4. yo / acostarse (terminarse: el programa de televisión)

_____

5. yo / darles el desayuno a los niños (despertarse)

_____

Unidad 2
Etapa 3

CUADERNO
Más práctica

ACTIVIDAD 15 Maribel y Marcos

Maribel y Marcos son hermanos. Acamparán con sus padres el próximo fin de semana. Hablan de lo que van a hacer tan pronto como pase otra cosa. ¿Qué dicen que van a hacer? Usa la frase **tan pronto como** para expresar sus ideas.

modelo: navegar por rápidos: llegar a Costa Rica

　　　　Vamos a navegar por rápidos tan pronto como lleguemos a Costa Rica.

1. ponerse shorts: subir la temperatura

_____

2. dar un paseo: pasarse el aguacero

_____

3. meterse a la tienda de campaña: llover

_____

4. pilotar una avioneta: recibir la licencia

_____

5. hacer alpinismo: encontrar el campamento

_____

ACTIVIDAD 16 ¿Cuándo?

¿Cuándo harás ciertas cosas? Escribe cinco oraciones que expliquen cuándo podrás hacer alguna actividad que te interesa. Asegúrate que todas tus oraciones usen una de las siguientes frases: **en cuanto, cuando, hasta que, tan pronto como.**

acampar en el bosque	bucear
escalar montañas	hacer alpinismo
visitar un refugio de vida silvestre	armar la tienda de campaña

1. _____

2. _____

3. _____

4. _____

5. _____

Unidad 2 Etapa 3

CUADERNO Más práctica

ESCUCHAR 〰〰〰〰〰〰〰〰〰〰〰〰〰〰〰〰〰

**Tape 7 · SIDE B
CD 7 · TRACKS 6–9**

ACTIVIDAD 1 Las fotos de mi graduación

Escucha al graduando mientras describe las fotos de su graduación. Escribe la letra de la oración debajo del dibujo que le corresponde.

1. _____

2. _____

3. _____

4. _____

5. _____

6. _____

ACTIVIDAD 2 La mamá de Alicia

Escucha a la mamá de Alicia mientras describe cómo se sintió al ver a su hija graduarse de la secundaria. Luego, completa las oraciones con las palabras o frases correctas.

éxito	generosa
graduanda	ceremonia de graduación
llevar a cabo	birrete
toga	

1. La _____ se llama Alicia.

2. La familia de Alicia fue a la _____.

3. Alicia se veía muy sofisticada en su _____ y

_____.

4. El profesor González les deseó _____ a todos
los graduandos.

5. Alicia le dio las gracias a su familia por haber sido tan

_____ con ella.

6. La mamá de Alicia espera que ella pueda _____
su sueño de ser doctora.

Nombre _____ Clase _____ Fecha _____

3 Julio

Julio le describe su graduación a un amigo. Escucha lo que dice y completa las oraciones con la palabra o frase lógica.

1. Julio fue el primero en el _____.

2. Julio _____ mucho al recibir su diploma.

3. Aunque el _____ del profesor fue un poco largo, fue inspirador.

4. Cuando los padres y los padrinos vieron a Julio recibir su diploma, se sintieron muy _____.

5. Después de la graduación, todos los profesores de Julio lo _____.

6. Julio les dio las gracias a sus padres por el _____ que le habían dado durante su carrera en la secundaria.

4 La graduación de Rosanna

La familia de Rosanna habla con ella después de la graduación. Escucha el diálogo y luego contesta las preguntas a continuación con oraciones completas.

1. ¿Cómo se sintió Rosanna en el desfile de graduandos?

   _____

2. ¿Cómo fue el discurso del profesor Capetillo?

   _____

3. ¿Qué les deseó el profesor Capetillo a los graduandos?

   _____

4. ¿Cómo se sintió la mamá de Rosanna durante la ceremonia?

   _____

5. ¿Qué quiere hacer Jorge?

   _____

6. ¿Qué va a hacer Rosanna con su diploma cuando llegue a casa?

   _____

7. ¿Qué les dice Rosanna a sus padres y padrinos?

   _____

VOCABULARIO @@@@@@@@@@@@@@@@@@@@@@@@@@@@@@

ACTIVIDAD 5 Los comentarios de la graduanda

Completa los comentarios de la graduanda con la palabra o frase correcta.

padrinos   apoyo   brindó   discurso
toga   aprecio   desfile de graduandos

1. «Mami y papi, agradezco mucho su _____».

2. «_____todo lo que han hecho por mí».

3. «Me tengo que ir. Me tengo que poner en el _____».

4. «No oí casi nada del _____ porque estaba muy emocionada».

5. «La _____ me quedaba un poco floja, pero comoquiera
   me veía muy intelectual».

6. «Mi papá _____ por mi graduación y por mi futuro».

7. «¡Mis _____ me regalaron una computadora!»

ACTIVIDAD 6 El mensaje electrónico

Cuando Marcos se graduó, escribió un mensaje electrónico a su amigo Joaquín. Joaquín
se graduó el mismo día. Completa su mensaje electrónico con el vocabulario de la
lección. No abras el libro de texto.

Querido Joaquín,

   ¿Puedes creerlo? Por fin me gradué. La _____ fue

muy emocionante. A las once en punto, entramos al auditorio en el

_____. Se podía ver en las caras de los padres de los graduandos

que se sentían muy _____. Me emocioné mucho cuando

recibí mi _____. No podía creer que por fin había

_____ mi sueño de graduarme de la secundaria.

Te mando una foto de la graduación. Es el momento en que mis padrinos

me _____. Me desearon mucho éxito en mi vida

y mi carrera. ¡_____!

Nombre _____ Clase _____ Fecha _____

 **7** **Imagina**

Imagina que hoy es tu día de graduación. Escribe cinco oraciones que usan las palabras siguientes. ¿Cómo te sientes en este día?

1. la ceremonia de graduación _____

2. apreciar _____

3. orgulloso(a) _____

4. felicitar _____

5. llevar a cabo _____

 8 **Mi ceremonia de graduación**

Es el día de tu graduación. Escribe una narración que describe lo que pasa en la ceremonia. Incluye todo el detalle que puedas.

_____

_____

_____

_____

_____

_____

¡En español! Level 3

GRAMÁTICA: USE OF THE SUBJUNCTIVE

ACTIVIDAD 9 ¡Todos quieren algo!

Acabas de graduarte y ya todos piensan sobre tu vida después de la secundaria. ¿Qué quiere cada persona para tu futuro?

modelo: papá (asistir a la universidad)
Papá quiere que yo asista a la universidad.

1. mamá (estudiar para ser doctor[a]) _____

_____

2. mis padrinos (mandarles fotos de mi dormitorio) _____

_____

3. mi hermana (escribirle correo electrónico) _____

_____

ACTIVIDAD 10 ¡Insisto!

Antes, durante y después de la graduación, todo el mundo tiene ideas sobre qué deben hacer los demás. Di lo que quieren que hagan los demás. Sigue el modelo.

modelo: tu mamá: insistir/tú: ponerse los zapatos nuevos
Tu mamá insiste que te pongas los zapatos nuevos.

1. mi tía: esperar/los graduandos: divertirse en la ceremonia de graduación

_____

2. tus padres: aconsejar/tu hermana: llevar la videocámara para grabar la ceremonia.

_____

3. el profesor: suplicar/los graduandos: trabajar mucho en la universidad

_____

4. el director: pedir/los graduandos: seguir con sus estudios

_____

GRAMÁTICA: USE OF THE SUBJUNCTIVE

ACTIVIDAD 11 Mis primitos

Enrique y Ernesto, tus primitos de siete y ocho años, quieren ir a tu ceremonia de graduación. Tu tía les dice que pueden hacer ciertas cosas con tal de que hagan otras. ¿Qué les dice tu tía?

modelo: Enrique y Ernesto: ir a la ceremonia de graduación/portarse bien
Pueden ir a la ceremonia de graduación con tal de que se porten bien.

1. Enrique: ponerse ese traje/no jugar en la calle antes de irnos

   _____

2. Ernesto: llevar la cámara/no perderla

   _____

3. Enrique y Ernesto: sentarse conmigo/no hablar durante la ceremonia

   _____

4. Enrique: hablar con el graduando(a)/felicitarlo(a)

   _____

5. Enrique y Ernesto: comprarle un regalo/tener suficiente dinero

   _____

ACTIVIDAD 12 Se gradúa mi primo(a)

Vas a ir a la ceremonia de graduación de tu primo(a), bajo ciertas circunstancias. Escribe cuatro oraciones que describan esas circunstancias. Usa las frases siguientes.

modelo: Voy a ir a la ceremonia de graduación de mi primo a menos que llueva.

1. a menos que _____

2. con tal de que _____

3. en caso de que _____

4. para que _____

GRAMÁTICA: USE OF THE IMPERFECT SUBJUNCTIVE 〰〰〰〰

ACTIVIDAD 13 La mamá del graduando

La mamá del graduando quería que el día de su hijo fuera perfecto. Por eso quería que todos hicieran ciertas cosas. ¿Qué quería que hicieran?

modelo: nosotros: felicitar al graduando
Quería que felicitáramos al graduando.

1. el graduando: ponerse su traje nuevo

_____

2. todos los graduandos: venir a la celebración

_____

3. yo: traer la música para bailar

_____

4. nosotros: bailar en la fiesta

_____

5. sus hijos: sacar muchas fotos de la ceremonia

_____

ACTIVIDAD 14 La celebración

Tu abuelo siempre tiene sugerencias muy buenas. Cuando tu hermano(a) se graduó el año pasado, tu abuelo sugirió muchas cosas. ¿Qué sugirió?

modelo: tú/mandar las invitaciones/dos semanas antes de la celebración
Sugirió que mandaras las invitaciones dos semanas antes de la celebración.

1. nosotros/comprar/mucha comida _____

_____

2. tu hermano/descansar/por la mañana _____

_____

3. tú/llevar/tu videocámara _____

_____

4. tu hermano/darles las gracias/a tus padrinos _____

_____

5. tu hermana/grabar/la celebración _____

_____

Nombre _____ Clase _____ Fecha _____

  **15 Mamá**

Tu mamá quiere que tu vida en la universidad sea perfecta. Por eso, te da muchos consejos antes de que te vayas. ¿Qué te dice? Puedes usar las sugerencias entre paréntesis, o puedes escribir oraciones que reflejen tu vida personal. Escribe por lo menos cinco oraciones.

1. aconsejar que (trabajar mucho, asistir a la universidad, estudiar todos los días,...)

_____

2. insistir que (buscar un trabajo, llamar una vez por semana, escribir a menudo,...)

_____

3. oponerse a que (tener novio/a, perder las clases, salir durante la semana,...)

_____

4. querer que (ir a una universidad cerca de casa, sacar buenas notas, tomar clases

difíciles,...) _____

5. pedir que (mandar fotos, no olvidarse de ellos, visitar una vez por mes,...)

_____

ACTIVIDAD 16 Amigo(a) mío(a)

Le diste cinco consejos a tu mejor amigo(a) cuando se gradúo de la secundaria. ¿Qué le aconsejaste?

1. Le aconsejé que... _____

2. Le recomendé que... _____

3. Le sugerí que... _____

4. Le pedí que... _____

5. Le supliqué que... _____

ACTIVIDAD 17 Mi padrino

El día de tu graduación, tu padrino te dijo varias cosas. Te dio muchos consejos para ese día y también para tu futuro. Escribe oraciones que explican qué te aconsejó tu padrino.

1. Insistió en que... _____

2. Se opuso a que... _____

3. Exigió que... _____

¡En español! **Level 3**

ESCUCHAR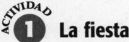

Tape 8 · SIDE B
CD 8 · TRACKS 4–7

ACTIVIDAD 1 La fiesta

Escucha los comentarios de varias personas que están en una fiesta. ¿Quién habla: el anfitrión, un huésped o un músico? Haz un círculo alrededor de la letra correcta.

1. **a.** el anfitrión/la anfitriona
   b. el huésped/la huéspeda
   c. el músico/la música

2. **a.** el anfitrión/la anfitriona
   b. el huésped/la huéspeda
   c. el músico/la música

3. **a.** el anfitrión/la anfitriona
   b. el huésped/la huéspeda
   c. el músico/la música

4. **a.** el anfitrión/la anfitriona
   b. el huésped/la huéspeda
   c. el músico/la música

5. **a.** el anfitrión/la anfitriona
   b. el huésped/la huéspeda
   c. el músico/la música

6. **a.** el anfitrión/la anfitriona
   b. el huésped/la huéspeda
   c. el músico/la música

ACTIVIDAD 2 ¿De qué hablan?

Escucha otras conversaciones de la misma fiesta. ¿De qué hablan? Escucha los comentarios y di a qué se refieren. Haz un círculo alrededor de la respuesta correcta.

1. **a.** la orquesta
   b. la gala
   c. la radioemisora

2. **a.** las campanas
   b. la fiesta continua
   c. los fuegos artificiales

3. **a.** la medianoche
   b. la madrugada
   c. el mediodía

4. **a.** los cohetes
   b. las campanas
   c. la despedida del año

5. **a.** el anfitrión
   b. el músico
   c. el cocinero

ACTIVIDAD
3 Milton Canales

Milton Canales, el disc-jockey de KQ102 en San Juan, anuncia el concurso de baile por la radio. Escucha el anuncio y completa las oraciones con las palabras o frases que faltan.

1. Milton Canales es el disc jockey en la _____ KQ102.

2. Hoy Milton dedica su programa a las _____ que no

   tienen planes todavía para _____ y que quieren pasar una

   noche _____.

3. Los oyentes pueden ganar una _____ por todo San Juan.

4. Después de una cena deliciosa, los ganadores bailarán a la música de la

   _____ Gilberto San Rosa.

5. Verán los _____ desde el morro.

6. Comerán las doce uvas tradicionales sincronizadas con las

   _____ de la Catedral.

7. Para poder ganarse esta fiesta continua, hay que competir y ganar el

   _____ de salsa.

ACTIVIDAD
4 ¡Nos quedamos dormidos!

Escucha a Matilde y Ramón mientras describen su celebración de despedida del año. Luego, contesta las preguntas a continuación.

1. ¿Dónde festejó Matilde la despedida del año? _____

   _____

2. ¿Cómo dice Matilde que pasaron la noche? _____

   _____

3. ¿Por qué no comieron las doce uvas tradicionales a la medianoche? _____

   _____

4. ¿Qué despertó a Ramón? _____

   _____

¡En español! Level 3

VOCABULARIO ⟨⟨⟨⟨⟨⟨⟨⟨⟨⟨⟨⟨⟨⟨⟨⟨⟨⟨⟨⟨⟨⟨⟨⟨

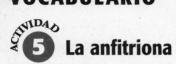

ACTIVIDAD 5 La anfitriona

Una amiga tuya quiere dar una fiesta para celebrar el Año Nuevo. Completa sus oraciones con la palabra o frase correcta. Escoge de las palabras entre paréntesis.

1. Quiero dar una fiesta. Pero como nunca he sido _____, me vas a tener que ayudar. (anfitriona/pareja/músico)

2. El _____ de la fiesta es para recibir el Año Nuevo y despedirnos del viejo. (ruido/campana/motivo)

3. Para postre quiero servir _____. ¿Qué te parece? (pavo/guineítos en escabeche/tembleque)

ACTIVIDAD 6 El anuncio en el periódico

Estás en San Juan y ves el anuncio para el concurso de baile de KQ102. Completa el anuncio con las palabras y frases de la lista.

> anfitrión   lechón asado   típicas   motivo   gala
> fiesta continua   patrocinará   arroz con gandules
> pasteles   madrugada

La radioemisora KQ102 _____ un concurso de baile.

El _____ para el concurso es que KQ102 quiere ser el

_____ de los ganadores para la despedida del año. Para

recibir el Año Nuevo, los ganadores participarán en una

_____ por todo San Juan. Empezarán su celebración con

una cena en el Hotel Caribe que incluye _____,

_____ y _____, todas comidas

_____ de Puerto Rico. Después de la cena, bailarán en una

_____ allí en el mismo Hotel Caribe. Durante la noche y

hasta la _____, KQ102 ha planeado un horario muy

divertido y emocionante. ¡Anímense! ¡A bailar salsa!

ACTIVIDAD 7 La pareja ganadora

Imagina que eres Emilia Ruedas o Alex Ortiz. Escribe una oración que describa qué vieron o cómo se sintieron en cada lugar durante su celebración.

 1.  2.  3.  4.  5.

1. _____
_____

2. _____
_____

3. _____
_____

4. _____
_____

5. _____
_____

ACTIVIDAD 8 ¿Adónde iríamos?

Imagina que estás en San Juan, Puerto Rico con tu familia para festejar la despedida del año. Escribe una narración que describa qué harían para recibir el Año Nuevo.

_____
_____
_____
_____
_____

GRAMÁTICA: REVIEW: SUBJUNCTIVE

ACTIVIDAD 9 ¿Hay alguien?

Hay que buscar ayuda para la fiesta de fin de año de tu clase. ¿Qué pregunta el presidente de la clase en la reunión?

modelo: ayudar con la gala ¿Hay alguien que ayude con la gala?

1. desear ser el anfitrión (la anfitriona) _____

_____

2. conocer un disc jockey _____

_____

3. saber bailar salsa _____

_____

4. cocinar comida puertorriqueña _____

_____

ACTIVIDAD 10 ¡No hay nadie!

Tienes que hacer llamadas para buscar voluntarios. Cada persona que contesta te dice que no. Escribe las conversaciones.

modelo: estudiantes (saber navegar por Internet)
—Buscamos estudiantes que sepan navegar por Internet.
—Aquí no hay nadie que sepa navegar por Internet.

1. jóvenes (gustarles trabajar de voluntarios)

_____

_____

2. graduandos (necesitar trabajo para el verano) _____

_____

_____

3. profesores (dar discursos sobre problemas sociales)

_____

_____

GRAMÁTICA: REVIEW: SUBJUNCTIVE   ⬛⬛⬛⬛⬛⬛⬛⬛⬛⬛

 **Los Smith**

Un amigo te dice que los Smith van a tener una celebración en su casa. Tú no crees lo que te dice porque sabes algo distinto de lo que te dice él. ¿Cómo le respondes?

modelo: Van a tener una orquesta. (¡No les gusta la música!)
Es imposible que los Smith tengan una orquesta. ¡No les gusta la música!

1. Van a bailar hasta la madrugada. (¡No les gusta bailar!) _____
_____

2. Van a ver el amanecer. (¡Se acuestan a las nueve!) _____
_____

3. Van a comprar cohetes. (¡No les gusta el ruido!) _____
_____

4. Van a oír las campanadas. (¡Viven muy lejos de la Catedral!) _____
_____

5. Van a servir comida puertorriqueña. (¡No saben cocinarla!) _____
_____

ACTIVIDAD 12 ¡No puede ser!

Tus amigos te dicen cómo van a celebrar varios días festivos. Tú dudas lo que dicen. ¿Qué te dicen y cómo les respondes?

modelo: —Voy a viajar a Puerto Rico para las Pascuas.
—Dudo que viajes a Puerto Rico para las Pascuas.

1. Dudo que _____

2. No creo que _____

3. Es imposible que _____

4. Es improbable que _____

5. No estoy seguro(a) de que _____

¡En español! Level 3

GRAMÁTICA: CONDITIONAL SENTENCES

ACTIVIDAD 13 Sara

Sara invitó a su amiga Irma a una fiesta. Irma piensa sobre las consecuencias de ir a la fiesta de Sara. Completa sus pensamientos con el imperfecto del subjuntivo y el condicional de los verbos entre paréntesis.

modelo: Si <u>tuviera</u> tiempo, <u>iría</u> a la fiesta de mi amiga Sara. (tener, ir)

1. Si _____ a la fiesta de mi amiga Sara, _____ a mi novio. (ir, llevar)

2. Si _____ a mi novio, _____ con él. (llevar, bailar)

3. Si _____ con él, no _____ a otras personas. (bailar, conocer)

4. Si no _____ a otras personas, no lo _____ bien. (conocer, pasar)

5. Si no lo _____ bien, se lo _____ a mi amiga Sara. (pasar, decir)

ACTIVIDAD 14 Papá

Tu papá quiere que hagas varios quehaceres en la casa y en el jardín. Cuando te pregunta si los haces, ¿cómo le contestas? Sigue el modelo.

modelo: ¿Cortas el césped? (yo: tener tiempo)
　　　　　 <u>Lo cortaría si tuviera tiempo</u>.

1. ¿Preparas la cena? (yo: saber cocinar) _____

2. ¿Limpias tu cuarto? (tú: ayudarme) _____

3. ¿Pasas la aspiradora? (la aspiradora: funcionar) _____

_____

4. ¿Quitas el polvo de los muebles? (mi hermano: prestar una mano) _____

_____

5. ¿Desyerbas el jardín? (no llover) _____

6. ¿Riegas las plantas? (las plantas: necesitarlo) _____

_____

ACTIVIDAD 15 El día festivo

¿Tienes ciertas tradiciones para los días festivos? Si hoy fuera uno de los días festivos en la lista, ¿qué harías? Escribe una oración para los días festivos.

modelo: Si fuera el día de la Amistad, le compraría un regalo a mi novio(a).

el día de Acción de Gracias el día de la Independencia el día de las Madres la Navidad o Hanuka	comprarle un regalo (¿a quién?) comer pavo (¿dónde?) ir a ver los fuegos artificiales (¿adónde?) abrir regalos (¿cuándo?)

1. _____

2. _____

3. _____

4. _____

ACTIVIDAD 16 ¿Qué haría?

¿Sabes cómo reaccionarías o qué harías bajo ciertas circunstancias? Imagina las situaciones a continuación. Escribe lo que harías si ciertas circunstancias existieran. Usa los verbos entre paréntesis si quieres.

modelo: Si tuviera mucho dinero, compraría una casa en la playa de Condado.

1. tener mucho dinero (comprar, viajar a,…) _____

_____

2. poder ser lo que quisiera (ser, tratar de,…) _____

_____

3. tener cincuenta años (tener, vivir,…) _____

_____

4. poder estudiar lo que quisiera (estudiar, ir,…) _____

_____

¡En español! Level 3

ESCUCHAR ⟨⟨⟨⟨⟨⟨⟨⟨⟨⟨⟨⟨⟨⟨⟨⟨⟨⟨⟨⟨⟨⟨⟨⟨⟨⟩

Tape 9 · SIDE B
CD 9 · TRACKS 6–9

ACTIVIDAD 1 Enrique

Enrique Ortiz Puente es puertorriqueño y hoy da un informe oral a su clase. Escucha su informe y luego di si las oraciones que siguen reflejan lo que dice o no. Marca **sí** si reflejan su informe y **no** si no lo reflejan. «pause»

sí / no **1.** El veinticinco de marzo es el día de la Abolición de Esclavitud en Puerto Rico.

sí / no **2.** El Día de la Abolición de la Esclavitud es un día solemne para la familia de Enrique.

sí / no **3.** Nunca hubo esclavos en la historia de Puerto Rico.

sí / no **4.** Los antepasados de Enrique fueron esclavizados.

sí / no **5.** Para conmemorar el día, la familia de Enrique tiene una fiesta.

sí / no **6.** El día representa la victoria contra los proponentes de la esclavitud.

ACTIVIDAD 2 Emilio

Emilio Hernández de la Cruz describe la historia de su familia. Escucha su descripción. Luego subraya la letra de la respuesta que mejor completa las oraciones según su descripción.

1. Los _____ de Emilio son de África.

   a. proponentes   **b.** antepasados   **c.** esclavos

2. Los antepasados de Emilio fueron _____.

   a. esclavos   **b.** opresores   **c.** almirantes

3. La familia de Emilio _____ la memoria de sus antepasados.

   a. honra   **b.** enfrenta   **c.** acude

4. Los antepasados de Emilio _____ luchas todos los días contra los opresores.

   a. conmemoraban   **b.** luchaban   **c.** enfrentaban

5. El veintidós de marzo representa _____ contra los proponentes de la esclavitud.

   a. la lucha   **b.** la victoria   **c.** la costumbre

Unidad 3
Etapa 3

CUADERNO
Más práctica

ACTIVIDAD 3 Ángela

Ángela Beatriz Corona grabó un casete que envió a una clase de español en Estados Unidos. Escucha hesta copia de su narrativa y completa las oraciones con las palabras o frases correctas.

1. En la zona colonial de Santo Domingo, hay varios monumentos históricos que

_____ el descubrimiento de las Américas.

2. Uno de estos monumentos es el _____ de Colón.

3. Miles de dominicanos _____ a estos monumentos para celebrar

el día de la Raza.

4. Hay desfiles por la zona colonial de Santo Domingo que incluyen

_____ de estudiantes.

5. Por todos lados se pueden ver _____ dominicanas.

6. Las campanas de las iglesias _____ en celebración del día.

ACTIVIDAD 4 ¡Peligro!

Tienes la radio puesta y escuchas un concurso de datos históricos que se llama «¡Peligro!» Escucha las preguntas y las respuestas. Luego, contesta las preguntas a continuación en oraciones completas.

1. ¿Quién descubrió las Américas? _____

_____

2. Cuando Cólon llegó a una isla caribeña en 1492, ¿qué nombre le dio a la isla

caribeña? _____

3. ¿Quién fundó Santo Domingo? _____

_____

4. ¿Qué relación tenía Bartolomé con Cristóbal? _____

_____

VOCABULARIO

ACTIVIDAD 5 La clase de historia

En la clase de historia, tienes que completar las siguientes oraciones con las palabras correctas de la lista. ¡Ojo! No vas a usar todas las palabras en la lista.

> patria
> alcalde
> ejército
> monarquía
> democracia
> gobierno

1. La _____ es un sistema de gobierno muy justo.

2. En una _____, los líderes del país son el rey y la reina.

3. El _____ es la persona que ha sido elegido por el pueblo para ser el líder de la ciudad.

4. Casi todos los países del mundo tienen un _____ para proteger a sus ciudadanos.

ACTIVIDAD 6 El ensayo de Bill

Bill escribió este ensayo para su clase de historia. Completa el ensayo con las palabras correctas de la lista.

conservadora	ejército	democracia	presidente
justo	derechos	democráticas	liberal

En nuestro país el sistema de gobierno es la _____. A mí me parece un

sistema de gobierno muy _____. Hay dos ideologías principales en este

sistema: la _____ y la _____. La constitución protege los

_____ de los ciudadanos. Todas las elecciones son _____. Tenemos

un _____ que nos protege en caso de guerra contra otros países. El

_____ es el líder del gobierno y del país.

ACTIVIDAD 7 Los temas políticos

Escribe cinco oraciones sobre los siguientes temas para tu clase de historia.

1. la constitución _____

_____

2. las leyes _____

_____

3. la democracia _____

_____

4. el patriotismo _____

_____

5. el descubrimiento de las Américas _____

_____

ACTIVIDAD 8 El ensayo patriótico

Escribe un ensayo patriótico sobre el país que consideras tu patria. También menciona algunas costumbres que tiene tu familia para celebrar ese día.

modelo: En Estados Unidos, el día de la Independencia se celebra el cuatro de julio.
Es el día en que Estados Unidos ganó su independencia de Inglaterra.
En mi familia, lo celebramos....

_____

_____

_____

_____

_____

_____

_____

_____

_____

_____

GRAMÁTICA: SUMMARY OF THE SUBJUNCTIVE

ACTIVIDAD 9 El Día de la Independencia

Es el Día de la Independencia y tú y tus amigos van a ir al centro de la ciudad para participar en las celebraciones. Tu padre les da algunos consejos antes de que se vayan. ¿Qué les recomienda?

modelo: tomar un taxi en vez de manejar
   <u>Recomiendo que tomen un taxi en vez de manejar.</u>

1. ir a ver los fuegos artificiales _____

2. comprar comida en el quiosco _____

3. buscar un sitio cerca del conjunto _____

4. ponerse zapatos cómodos _____

5. llevar un paraguas en caso de que llueva _____

ACTIVIDAD 10 Mi tía

Fuiste a Santo Domingo a visitar a tu tía y a celebrar el día de la Raza. Ella primero te dice que dudaba algo, y entonces dice que se alegra de que lo hayas hecho. ¿Qué te dice? Sigue el modelo.

modelo: celebrar el día de la Raza en Santo Domingo
   <u>Dudaba que celebraras el día de la Raza en Santo Domingo.</u>
   <u>Me alegro de que hayas celebrado el día de la Raza en Santo Domingo.</u>

1. ir al desfile _____
   _____

2. quedarse todo el día _____
   _____

3. gustar el conjunto _____
   _____

**Unidad 3
Etapa 3**

**CUADERNO
Más práctica**

GRAMÁTICA: SUMMARY OF THE SUBJUNCTIVE (PART II)

11 El desfile puertorriqueño

Tú estás a cargo del desfile puertorriqueño en tu ciudad. ¡Vas a necesitar mucha ayuda! En la reunión, anuncias lo que buscas o lo que necesitas. ¿Qué dices?

modelo: buscar: voluntarios / ayudar con el desfile
<u>Busco voluntarios que ayuden con el desfile</u>.

1. necesitar: personas / tener las cualidades de un líder

   _____

2. buscar: conjunto de bomba y plena

   _____

3. necesitar: escritor / escribir el discurso patriótico

   _____

4. buscar: artistas / diseñar pósters para el desfile

   _____

5. necesitar: cocineros / saber cocinar comida caribeña

   _____

6. buscar: estudiantes / querer formar procesiones

   _____

12 ¿Cuándo?

Tus padres quieren saber cuándo vas a hacer ciertas cosas. Primero escribe la pregunta que te hacen y luego escribe tu respuesta. Usa las frases de la lista en tu respuesta.

modelo: —<u>Hijo(a), ¿a qué hora vas al desfile?</u>
          —<u>Me voy en cuanto llegue Paco a recogerme</u>.

1. cuando _____

2. en cuanto _____

3. antes de que _____

4. después de que _____

5. tan pronto como _____

GRAMÁTICA: SUBJUNCTIVE VS. INDICATIVE

ACTIVIDAD 13 ¿Subjuntivo o indicativo?

Escuchas estas conversaciones en el sitio donde vas a votar. Indica si el comentario requiere el uso del subjuntivo o del indicativo.

1. Dudo que el alcalde esté a favor de la nueva ley. (subj. / ind.)

2. Pienso que el alcalde está a favor de la nueva ley. (subj. / ind.)

3. Creo que la gobernadora ganará la próxima elección. (subj. / ind.)

4. No creo que la gobernadora gane la próxima elección. (subj. / ind.)

5. Es dudoso que el gobierno cambie las leyes sobre los impuestos. (*taxes*) (subj. / ind.)

ACTIVIDAD 14 ¡Nunca están de acuerdo!

Tu hermano y tu hermana nunca están de acuerdo. Tienen opiniones opuestas sobre varios temas. ¿Qué dicen?

modelo: El gobierno va a resolver el problema de la gente sin hogar.

—Creo que el gobierno resolverá el problema de la gente sin hogar.

—No creo que el gobierno resuelva el problema de la gente sin hogar.

1. Se va a terminar la discriminación en este siglo. _____

_____

2. La gente va a conservar más y consumir menos. _____

_____

3. Las selvas tropicales se van a preservar. _____

_____

4. La ciudad va a instituir un programa de reciclaje. _____

_____

5. Vamos a encontrar una solución a la contaminación del aire. _____

_____

_____

6. Los vecinos van a trabajar de voluntarios. _____

_____

**Unidad 3
Etapa 3**

**CUADERNO
Más práctica**

ACTIVIDAD 15 ¿Qué dijo?

Tu hermano(a) piensa que tu padre dijo una cosa, pero tú lo (la) tienes que corregir y decirle qué dijo tu padre verdaderamente. ¿Qué dice tu hermano(a) y cómo le respondes? Sigue el modelo.

modelo: **Papá:**   Salgan por la tarde.
Hermano(a):   Dijo que él salió por la tarde.
Tú: No. Dijo que saliéramos por la tarde.

1. Busca una película nueva. _____

_____

2. Ve a la biblioteca. _____

_____

3. Compren una computadora. _____

_____

4. Lava el carro. _____

_____

5. Preparen la cena. _____

_____

ACTIVIDAD 16 Yo, el candidato

Tú eres candidato(a) para un puesto político en el gobierno. Primero decide cuál puesto te interesa más (alcalde, gobernador o presidente). Vas a dar un discurso y tienes que explicarle a la gente tus ideas. Escribe seis oraciones que explican tus ideas políticas. Usa las siguientes frases en tus oraciones: creo, no creo, dudo, pienso.

modelo: Como gobernador(a) de este estado, yo creo que tenemos la obligación de cuidar a la gente sin hogar y a los ancianos.

1. _____

2. _____

3. _____

4. _____

5. _____

Unidad 3
Etapa 3

CUADERNO
Más práctica

ESCUCHAR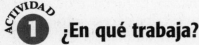

**Tape 10 · SIDE B
CD 10 · TRACKS 6–9**

ACTIVIDAD 1 ¿En qué trabaja?

Varias personas hablan de su trabajo. Escucha a cada persona y di si las oraciones a continuación son ciertas **(C)** o falsas **(F),** según su comentario.

1. Trabaja en publicidad.   C   F

2. Trabaja en las humanidades.   C   F

3. Trabaja en ingeniería civil.   C   F

4. Trabaja en mercadeo.   C   F

5. Trabaja en dibujo técnico.   C   F

6. Trabaja en ventas.   C   F

ACTIVIDAD 2 ¿Qué deben estudiar?

Escucha los comentarios de varios estudiantes universitarios. Luego, escribe el campo de estudio que deben estudiar según sus intereses y habilidades.

1. _____

2. _____

3. _____

4. _____

5. _____

6. _____

Nombre _____ Clase _____ Fecha _____

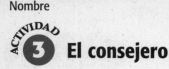

3 **El consejero**

El señor Vargas es consejero en una universidad latinoamericana. Escucha lo que dice de varios estudiantes que vinieron a pedirle consejos. Luego escribe el campo de estudio que cada estudiante debe seguir, según sus intereses y habilidades.

1. _____

2. _____

3. _____

4. _____

5. _____

6. _____

4 **Debes...**

Ahora tú eres el consejero(a). Escucha lo que dice cada persona. Luego escribe una oración diciendo a cada estudiante qué debe estudiar y qué no debe estudiar.

1. _____

2. _____

3. _____

4. _____

5. _____

6. _____

VOCABULARIO ⟰⟰⟰⟰⟰⟰⟰⟰⟰⟰⟰⟰⟰⟰⟰⟰⟰⟰⟰⟰⟰⟰⟰⟰

5 ¿Qué campo de estudio?

¿Qué campo de estudio les interesa a tus amigos?

1. publicidad, Miguel

_____
_____
_____

4. informática, Cristina

_____
_____
_____

2. finanzas, Linda

_____
_____
_____

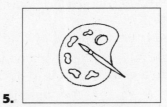

5. diseño, Eduardo

_____
_____
_____

3. ingeniería civil, Daniel

_____
_____
_____

6. mercadeo, Laura

_____
_____
_____

Nombre _____ Clase _____ Fecha _____

6 Los empleados

Completa los comentarios de varios empleados con la forma correcta de las frases a continuación.

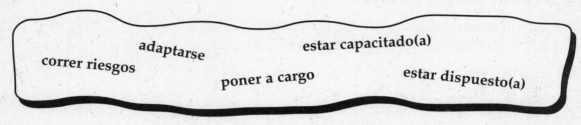

adaptarse

estar capacitado(a)

correr riesgos

poner a cargo

estar dispuesto(a)

1. _____ muy bien a las nuevas ideas. Por eso trabajo en publicidad.

2. _____ para escribir programas de computación. Por eso trabajo en la informática.

3. Me _____ del anuncio para los nuevos zapatos de mi empresa. Es muy divertido trabajar en la publicidad.

4. Para aumentar los fondos, hay que _____. Por eso me fascinan las finanzas.

5. _____ a viajar a otros países, si el negocio lo requiere. De esta manera, puedo conocer las necesidades de las compañías extranjeras.

7 ¿Qué te interesa?

Pregunta a tres compañeros qué campo de estudio les interesa y por qué creen que sus habilidades serían apropiadas para ese campo. Escribe sus respuestas.

1. _____
_____
_____

2. _____
_____
_____

3. _____
_____
_____

GRAMÁTICA: *ir, andar* Y *seguir* WITH PROGRESSIVE

 **Sigue...**

Acabas de hablar con Gabriela, una amiga chilena que ahora está en la universidad. Ella dice que las cosas siguen como antes. Explícale a tu madre lo que te contó.

modelo: pensar que quiere cambiar de universidad
<u>Sigue pensando que quiere cambiar de universidad.</u>

1. trabajar de voluntaria en el programa de reciclaje

_____

2. ayudar a la gente sin hogar

_____

3. enfrentar los problemas del estudiante universitario

_____

4. vivir en el dormitorio

_____

 **Aurelio**

Tu amigo Aurelio regresó a tu ciudad para el verano después de trabajar en Buenos Aires por un año. Tú le explicas a otro amigo u otra amiga lo que está haciendo Aurelio. Sigue el modelo.

modelo: ir + adaptarse (a la vida profesional) <u>Se va adaptando a la vida profesional.</u>

1. ir + avanzarse (en su carrera)

_____

2. ir + recuperarse (del año difícil)

_____

3. andar + festejar (por el pueblo)

_____

4. andar + disfrutar (de sus vacaciones)

_____

Nombre _____ Clase _____ Fecha _____

GRAMÁTICA: PAST PROGRESSIVE

 **Ayer**

Ayer todo el mundo tuvo que prepararse para las entrevistas de empleo. ¿Qué estuvieron haciendo?

modelo: Marcos / buscar su solicitud / una hora
<u>Estuvo buscando su solicitud por una hora.</u>

1. nosotros / esperar en la sala de espera / dos horas

_____

_____

2. el dueño de la empresa / entrevistar a un(a) candidato(a) / dos horas

_____

_____

3. yo / prepararme para la entrevista / toda la mañana

_____

_____

4. Marcos y Elena / hacer llamadas / dos horas

_____

_____

5. tú / escribir el ensayo / cuatro horas

_____

_____

6. yo / comprar un traje / por la tarde

_____

_____

7. Mario / imprimir / doscientas copias / de su currículum vitae

_____

_____

ESCUCHAR 𝕔𝕔𝕔𝕔𝕔𝕔𝕔𝕔𝕔𝕔𝕔𝕔𝕔𝕔𝕔𝕔𝕔𝕔𝕔𝕔𝕔𝕔𝕔𝕔𝕔

ACTIVIDAD 1 Mi profesión

Escucha a las siguientes personas mientras describen su profesión. Luego escoge la profesión de cada persona.

1.   a. artesano   b. agricultor   c. jardinero

2.   a. arquitecta   b. ingeniera   c. gerente

3.   a. bombero   b. veterinario   c. cartero

4.   a. juez   b. gerente   c. abogado

5.   a. peluquera   b. operadora   c. asistente

6.   a. secretario   b. taxista   c. deportista

ACTIVIDAD 2 ¡Qué gusto verte!

Mauricio y Raquel son viejos amigos que no se han visto en mucho tiempo. Escucha su conversación sobre las profesiones de sus parientes. Escribe el nombre de la persona debajo del dibujo que representa su profesión.

1. _____

2. _____

3. _____

4. _____

5. _____

6. _____

ACTIVIDAD 3 El anuncio

Estás en Chile cuando escuchas este anuncio en la radio para un puesto. Completa el formulario con la información correcta según el anuncio.

1. Empresa (¿doméstica o multinacional?): _____

2. Puesto: _____

3. Trabajo (¿a tiempo completo o a tiempo parcial?): _____

4. Sueldo: _____

5. Seguro Médico (¿sí o no?): _____

6. Requisitos: _____

_____

7. Años de experiencia: _____

ACTIVIDAD 4 ¿Qué hacen y dónde trabajan?

En tu colegio, hay un día en el cual vienen varios profesionales a hablar con los estudiantes sobre sus carreras. Escucha a los profesionales. En dos oraciones, escribe qué hace cada persona y dónde trabaja.

1. _____

2. _____

3. _____

4. _____

VOCABULARIO @@@@@@@@@@@@@@@@@@@@@@@@@@@@@@@@

ACTIVIDAD 5 ¿Requisito o beneficio?

Decide si las siguientes cosas son requisitos o beneficios de un empleo. Escribe la palabra correcta en el espacio en blanco.

1. conocimientos sobre Internet _____

2. dos años de experiencia _____

3. seguro médico _____

4. presencia excelente _____

5. tres semanas de vacaciones _____

6. edad de 23–28 años _____

ACTIVIDAD 6 ¿Qué buscan?

Los siguientes lugares buscan empleados. Escribe el nombre de la profesión de las personas que buscan.

1. Compañía de ballet _____

2. Granja _____

3. Hospital para animales _____

4. Salón de belleza _____

5. El correo _____

6. Radioemisora _____

7. Taller de artesanía _____

ACTIVIDAD 7 El mundo del trabajo

Todos tienen diferentes profesiones y tienen que hacer diferentes cosas en sus trabajos. Escribe dos oraciones para cada dibujo: una que nombra la profesión de la persona en el dibujo y otra que describe lo que esa persona hace en su trabajo.

1. Irene **2.** Lalo **3.** Carmela **4.** Pedro **5.** Manuel

1. _____

2. _____

3. _____

4. _____

5. _____

ACTIVIDAD 8 ¿Te gustaría?

Di por qué o por qué no te gustaría trabajar en las siguientes profesiones.

1. diseñador(a) gráfico(a) de la red: _____

2. abogado(a): _____

3. secretario(a): _____

4. taxista: _____

5. veterinario(a): _____

6. cartero(a): _____

GRAMÁTICA: REVIEW: AFFIRMATIVE AND NEGATIVE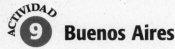

Copyright © McDougal Littell Inc. All rights reserved.

ACTIVIDAD 9 Buenos Aires

Dos amigos conversan sobre Buenos Aires, una ciudad que no conocen. Completa la conversación con las palabras afirmativas y negativas de la lista.

> siempre nunca tampoco
> algunas alguien alguna vez también

—¿Has visitado Buenos Aires _____?

—No, _____ he visitado Buenos Aires.

—Yo _____. Pero _____ he querido conocer esa ciudad argentina.

—¿De veras? Yo _____. Dicen que es una ciudad maravillosa.

—¿Conoces a _____ que la haya conocido?

—Sí, conozco a _____ personas que han pasado tiempo allá. En general les ha gustado.

ACTIVIDAD 10 Intereses profesionales

Un(a) amigo(a) te hace preguntas sobre tus intereses profesionales. Contesta sus preguntas usando las palabras entre paréntesis en tu respuesta.

1. ¿Has soñado con alguna profesión toda tu vida? (siempre, nunca)

_____

2. ¿Conoces a alguien que quiera ser diseñador(a) gráfico(a) Web? (alguien, nadie)

_____

3. ¿Has pensado en trabajar en mercadeo alguna vez? (muchas veces, nunca)

_____

4. ¿Te interesa trabajar en publicidad? A mí me interesa mucho. (también, tampoco)

_____

Unidad 4
Etapa 2
CUADERNO
Más práctica

GRAMÁTICA: PAST PERFECT SUBJUNCTIVE

ACTIVIDAD 11 Esperaba que...

Acabas de llegar a casa después de una entrevista. Tu papá te dice que él esperaba ciertas cosas de tu entrevista. ¿Qué te dice?

modelo: el gerente (hablar contigo)
Esperaba que el gerente hubiera hablado contigo.

1. los otros empleados (presentarse)

_____

2. ellos (ofrecerte beneficios)

_____

3. ellos (darte trabajo a tiempo parcial)

_____

4. tú (tener los requisitos)

_____

ACTIVIDAD 12 ¡Qué día!

Hoy no fue un día bueno para tu familia. A todos les ocurrió algo en sus vidas profesionales. Tú le cuentas a un amigo lo que les pasó. ¿Cómo te responde?

modelo: Papá no recibió el contrato. Ojalá que hubiera recibido el contrato.

1. Mi hermana no aceptó el puesto.

_____

2. Mi hermano no tuvo los conocimientos necesarios para el puesto.

_____

3. La empresa no me ofreció entrenamiento.

_____

4. El trabajo es a tiempo completo

_____

ACTIVIDAD 13 ¡No me gustó!

Te dieron el puesto pero no es como tú pensabas que iba a ser. Después de una semana en el empleo, decidiste buscar otro. Explícanos por qué.

modelo: gustarme / más el trabajo
Esperaba que me hubiera gustado más el trabajo.

1. los empleados / ser más amistosos

_____

2. el gerente / entrenarme

_____

3. los beneficios / ser mejores

_____

4. el sueldo / ser más alto

_____

5. los empleados / explicarme cómo hacer mi trabajo

_____

ACTIVIDAD 14 Ojalá

Tu amigo(a) fue a una entrevista para un empleo. Ahora está muy preocupado(a) porque no sabe si le dieron el puesto o no. ¿Qué le dirías? Si quieres, usa las frases entre paréntesis para hacerlo sentirse mejor.

1. Dudaba que (requerir conocimientos sobre Internet)

_____

2. Dudaba que (decidir hoy)

_____

3. Esperaba que (ofrecer entrenamiento)

_____

4. Esperaba que (aumentar el sueldo frecuentemente)

_____

5. Ojalá que (ofrecer seguro médico)

_____

GRAMÁTICA: CONDITIONAL PERFECT ⊙⊙⊙⊙⊙⊙⊙⊙⊙⊙⊙

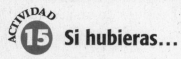

15 Si hubieras…

Toda acción, o en este caso, la falta de acción, tiene una consecuencia. Usa las frases de las dos columnas para escribir oraciones que tengan sentido. Sigue el modelo.

modelo: Si hubieras llamado al taxi, ya habría llegado.

Acciones que no se tomaron	Las consecuencias
llamar a la niñera	tener más posibilidades de empleo
llamar al abogado	poder jubilarse más joven
ir al peluquero	los niños tener donde estar
aprender español	tener este problema legal
guardar su dinero	tener un corte de pelo más elegante

1. _____
2. _____
3. _____
4. _____
5. _____
6. _____

¡En español! Level 3

ESCUCHAR

ACTIVIDAD 1 El Cono Sur

En el programa *Gasta con Vicente*, Vicente Álvarez, el anfitrión, a menudo da informes sobre la economía de varios países. Escucha el informe sobre las industrias de los países del Cono Sur. Debajo de los dibujos, escribe los nombres de los países que dependen de esas industrias según el informe.

1. _____ 2. _____ 3. _____

4. _____ 5. _____ 6. _____

ACTIVIDAD 2 ¿De qué industria habla?

Varias personas que trabajan en diferentes sectores económicos hablan de sus industrias. ¿De qué industria habla cada persona? Escucha los comentarios y escribe el nombre de la industria a la que se refieren.

1. _____

2. _____

3. _____

4. _____

5. _____

6. _____

Unidad 4
Etapa 3
CUADERNO
Más práctica

ACTIVIDAD 3 Producto Nacional Bruto

Paco está dando un informe sobre la economía de su país en la clase de estudios sociales. Él dice qué porcentaje contribuye cada industria al Producto Nacional Bruto. Escribe los porcentajes en los espacios en blanco, según los datos que da Paco.

1. La ganadería: _____

2. La minería: _____

3. La industria pesquera: _____

4. El turismo: _____

5. El petróleo: _____

6. Los textiles: _____

ACTIVIDAD 4 ¿Qué es?

Varias personas se presentan en una reunión de profesionales. Escucha sus presentaciones y escribe una oración que explica a qué carrera se dedica cada persona.

1. _____

2. _____

3. _____

4. _____

5. _____

6. _____

Unidad 4 Etapa 3

CUADERNO Más práctica

VOCABULARIO

 Los productos de exportación

Cada industria principal de un país representa un porcentaje de los productos de exportación de ese país. Para cada industria, escribe una oración que nombra ese porcentaje. Sigue el modelo.

modelo:

 La industria pesquera representa el 20 por ciento de los productos de exportación.

1.   2.   3.   4.   5.

1. _____

2. _____

3. _____

4. _____

5. _____

Unidad 4 Etapa 3

CUADERNO Más práctica

ACTIVIDAD 6 ¿Qué carrera debe seguir?

Varias personas te comentan sobre sus intereses y habilidades. ¿Qué carrera deben seguir? Escribe una oración diciéndoles lo que deben estudiar.

1. «Me encanta convencer al público que debe comprar un producto nuevo que le hará la vida más fácil». _____

2. «Los libros me fascinan. Siempre estoy leyendo. Puedo recomendar libros en cualquier campo de estudio que desees». _____

3. «Me gusta entrevistar a la gente en la calle y a los políticos y estrellas de cine. También me encantaría viajar por todo el mundo». _____

4. «He vivido en muchos países, por eso hablo seis idiomas. Siempre ando traduciendo para personas que no pueden entender».

   _____

5. «Sé mucho de las finanzas y de las empresas multinacionales. Todos los días leo el periódico para ver el estado de la bolsa de valores».

   _____

6. «Desde chica siempre he trabajado de voluntaria en los comedores de beneficiencia y en los centros de la comunidad. Me gusta mucho ayudar a la gente con sus problemas domésticos». _____

ACTIVIDAD 7 Tu estado

¿Qué sabes de tu estado? Contesta las siguientes preguntas.

Mi estado: _____

1. ¿Cuáles son las industrias principales?

   _____

2. ¿Qué productos se producen en tu estado?

   _____

3. ¿Qué productos se exportan? ¿Adónde?

   _____

4. ¿Qué productos de otros estados o países se compran en tu estado? ¿De dónde vienen?

   _____

Unidad 4
Etapa 3

CUADERNO
Más práctica

GRAMÁTICA: REVIEW: STRESSED PRONOUNS ⊚⊚⊚⊚⊚⊚⊚

ACTIVIDAD 8 Roberto y Raquel

Los gemelos Roberto y Raquel tuvieron que escribir un informe sobre las industrias de un país del Cono Sur. ¿Quién hizo cada cosa?

modelo: ¿Quién fue a la biblioteca para escribir su informe? (Roberto)
<u>Él fue a la biblioteca para escribir su informe, no ella.</u>

1. ¿Quién buscó las estadísticas para su informe en Internet? (Raquel)

_____

2. ¿Quién escribió sobre la industria pesquera en Chile? (Raquel)

_____

3. ¿Quién escribió sobre la ganadería en Argentina? (Roberto)

_____

4. ¿Quién estudió el perfil económico de Chile? (Raquel)

_____

5. ¿Quién comparó las estadísticas entre los productos de exportación de Argentina? (Roberto)

_____

6. ¿Quién sacó una buena nota en su informe? (Roberto)

_____

ACTIVIDAD 9 ¿A quién se lo dio?

Tu hermano mayor se va para la universidad y quiere deshacerse (*get rid of*) de algunas cosas. ¿A quién le da qué?

modelo: el libro (él) <u>Se lo dio a él.</u>

1. el disco compacto (ella) _____

2. la calculadora (yo) _____

3. la mochila (tú) _____

4. el televisor (ellos) _____

ACTIVIDAD 10 ¿Quiénes son?

Mario y Miguel ven a una pareja en el centro. Mario quiere saber quiénes son. Completa la conversación con los pronombres correctos.

1. —¿Quiénes son ellos?

   —Son los Martínez. _____ es banquera y _____ es académico.

2. —¿Los conoces muy bien?

   —Pues, son amigos de mis padres. _____ era buena amiga de mamá en la universidad. _____ era amigo de mi padre en la escuela secundaria.

3. —Mira, te están saludando.

   —¿Estás seguro? ¿Me están saludando _____?

4. —Sí, _____. Parece que te quieren dar algo.

   —Hola, Sra. Martínez.

5. —Hijo, tengo un regalito para tu madre. ¿Se lo puedes llevar?

   —Sí, Sra. Martínez, con mucho gusto. Yo se lo llevo _____.

ACTIVIDAD 11 ¿Qué quieres hacer?

Quieres hacer varias cosas para tus amigos y familiares. ¿Qué quieres hacer? Escribe cinco oraciones usando las ideas abajo. Di para quién vas a hacerlas. Sigue el modelo.

modelo: Quiero comprarles algo a mis hermanos.

1. comprarle(s) algo _____

2. darle(s) un regalo _____

3. llevarle(s) algo _____

4. traerle(s) algo _____

5. mandarle(s) algo _____

Unidad 4
Etapa 3

CUADERNO
Más práctica

GRAMÁTICA: REVIEW: POSSESSIVE PRONOUNS

ACTIVIDAD 12 ¡La mía también!

Compara varias piezas de ropa y accesorios con un(a) amigo(a). Él o ella te dice cómo es la cosa que tiene. Tú le dices que el tuyo es igual. Sigue el modelo.

modelo: Mi billetera es de cuero. <u>La mía es de cuero también.</u>

1. Mi bolso es de un solo color. _____

2. Mi chaqueta es de lana. _____

3. Mi medalla es de oro. _____

4. Mis sudaderas son de algodón. _____

5. Mis pantalones son de mezclilla. _____

ACTIVIDAD 13 ¿De dónde es?

Cuatro personas han viajado a los cuatro países del Cono Sur. Todos tienen el mismo artículo, pero lo compraron en diferentes países. Di de dónde son las cosas.

modelo: el chaleco de lana <u>El mío es de Argentina. El tuyo es de Chile. El suyo es de Paraguay. El nuestro es de Uruguay.</u>

1. el paraguas negro _____

_____

2. la chaqueta de cuero _____

_____

3. los guantes de piel _____

_____

4. las pulseras de plata _____

_____

Unidad 4
Etapa 3
CUADERNO
Más práctica

GRAMÁTICA: FUTURE PERFECT

Copyright © McDougal Littell Inc. All rights reserved.

ACTIVIDAD 14 El informe

Tu hermano tiene que escribir un informe. Tu mamá está preocupada que él no lo habrá hecho bien. ¿Qué te pregunta ella?

modelo: empezar el informe ¿Habrá empezado el informe?

1. hacer sus investigaciones por Internet

_____

2. escribir sobre el perfil económico de Argentina

_____

3. incluir estadísticas sobre el Producto Nacional Bruto

_____

4. revisar el primer borrador

_____

5. comparar productos de varios países

_____

ACTIVIDAD 15 Predicciones

Haz predicciones sobre el futuro. Usa las ideas de la lista o inventa tus propias predicciones.

modelo: El uso de Internet habrá crecido dramáticamente.

telecomunicaciones   seres humanos   industrias agrícolas

petróleo del mundo   perfil económico de nuestro país   Internet

bosques y productos forestales   bolsa de valores

_____

_____

_____

_____

Unidad 4 Etapa 3

CUADERNO Más práctica

ESCUCHAR ⟨⟨⟨⟨⟨⟨⟨⟨⟨⟨⟨⟨⟨⟨⟨⟨⟨⟨⟨⟨⟨⟨⟨⟨

**Tape 13 · SIDE B
CD 13 · TRACKS 6–9**

1 El guía

Escucha al guía del Museo del Prado. Luego completa las oraciones según sus comentarios. Escribe las palabras que faltan en los espacios en blanco.

1. El Prado contiene obras de varias _____ de pintura europea.

2. Los grandes pintores españoles del _____ XII al siglo XIX están representados en El Prado.

3. Los _____ de El Greco generalmente tratan de temas religiosos y míticos.

4. Francisco de Goya pintó _____ en varias iglesias.

5. Diego de Velázquez se considera uno de los grandes maestros de la _____.

6. *Las meninas* es un cuadro _____.

2 El profesor de arte

Escucha al profesor de arte describir varias obras famosas. Completa las siguientes oraciones con las palabras del vocabulario que resumen sus comentarios.

1. El cuadro incluye un _____ del artista.

2. La Infanta Margarita está _____.

3. El rey Felipe IV y la reina Mariana están _____ del cuadro.

4. La pintura es una _____.

5. El cuadro es un _____.

6. Los artistas son de la _____ española.

Nombre _____ Clase _____ Fecha _____

ACTIVIDAD 3 El flamenco

Hay un documental en la tele sobre el flamenco. Escucha las descripciones del reportero. Luego, escribe la letra de la oración debajo del dibujo al que le corresponde.

1. _____   2. _____   3. _____

4. _____   5. _____   6. _____

ACTIVIDAD 4 Una expresión artística

Una bailaora les da una breve descripción del flamenco a unos turistas. Escucha su descripción y decide si las oraciones que siguen son ciertas (C) o falsas (F). Si son falsas, corrígelas.

1. C F   El flamenco es un baile tradicional del norte de España.

_____

2. C F   El flamenco tradicional sólo incluye el bailaor o bailaora.

_____

_____

3. C F   El cante es la canción que acompaña el flamenco.

_____

4. C F   Generalmente hay varios cantaores.

_____

5. C F   Los bailaores bailan espontáneamente, sin coreografía fija.

_____

6. C F   La guitarra, las palmas y el zapateado crean el compás del flamenco.

_____

VOCABULARIO ⟨⟨⟨⟨⟨⟨⟨⟨⟨⟨⟨⟨⟨⟨⟨⟨⟨⟨⟨⟨⟨⟨⟨⟨⟨⟨

ACTIVIDAD 5 La pintura española

¿Cuánto sabes de la pintura española? Completa las oraciones con estas palabras.

> autorretrato   en primer plano   figuras   escuela
> al fondo   perspectiva

1. La _____ española incluye a los pintores Diego de Velázquez, Francisco de Goya y El Greco.

2. Las meninas, las compañeras de la Infanta Margarita, también están _____ en el cuadro de Velázquez.

3. *Las meninas* incluye un _____ del artista.

4. _____ del cuadro se puede ver el reflejo (*reflection*) del rey y la reina.

5. La _____ del artista es el punto de vista del artista.

6. En una naturaleza muerta, no hay _____, sólo objetos.

ACTIVIDAD 6 ¿Qué tocan?

¿Qué instrumentos tocan los estudiantes en la clase de música?

 1. Lisa
 2. Gerardo
 3. Inés
 4. Eva
 5. Cristián
 6. Andrés

1. _____

2. _____

3. _____

4. _____

5. _____

6. _____

Nombre _____ Clase _____ Fecha _____

7 Definiciones

¿Sabes las definiciones de las siguientes palabras? Escribe la palabra que corresponde a la definición en el espacio en blanco.

a. autobiografía

b. drama

c. poesía

d. ficción

e. biografía

f. cuento

_____ **1.** composición en verso

_____ **2.** breve narración de eventos ficticios

_____ **3.** vida de una persona escrita por sí misma

_____ **4.** texto inventado de la imaginación del escritor generalmente escrito en prosa

_____ **5.** obra de teatro o de cine en que se presentan acciones serias

_____ **6.** historia de la vida de una persona escrita por otra

8 El tablao

Escribe un párrafo que describa la escena en el tablao flamenco a continuación. Incluye todo el detalle que puedas. Trata de imaginar el ambiente y cómo se sienten todas las personas en el tablao.

_____

_____

_____

_____

_____

GRAMÁTICA: REVIEW: DEMONSTRATIVE ADJECTIVES AND PRONOUNS

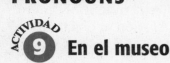

En el museo

Estás en un museo en Madrid y escuchas varias conversaciones. Decide si el objeto al que se refiere cada persona está próximo, cerca o lejos de la persona que habla.

1. «Este cuadro histórico me encanta». (próximo /cerca /lejos)

2. «Aquellos tapices son del siglo XIV». (próximo/cerca/ lejos)

3. «Ese paisaje de Toledo es precioso». (próximo/ cerca /lejos)

4. «Aquel tapiz junto a la puerta es muy viejo». (próximo/cerca/ lejos)

5. «Esas obras modernas no me interesan». (próximo/ cerca /lejos)

El centro comercial

Estás en el centro comercial con un(a) amigo(a) español. Explícale lo que sabes de las tiendas, los restaurantes y las cosas que venden. Sigue el modelo.

modelo: tienda / vender (ropa formal, ropa deportiva, ropa para niños)
<u>Esta tienda vende ropa formal. Esa tienda vende ropa deportiva.</u>
<u>Aquella tienda vende ropa para niños.</u>

1. restaurante/servir (comida mexicana, española, puertorriqueña)

_____

_____

2. discos compactos/ser de (música clásica, jazz, hip-hop)

_____

_____

3. video / ser (drama, comedia, documental)

_____

4. pulseras / ser de (oro, plata, oro y plata)

_____

_____

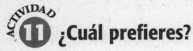

¿Cuál prefieres?

Acabas de conocer a Marta, una chica española. Quieres saber más de sus gustos.
Hazle seis preguntas sobre sus preferencias. Usa las ideas de la lista si quieres. Escoge
el adjetivo o pronombre posesivo correcto, según tu posición en relación al objeto al
que te refieres.

> la reproducción del cuadro de Picasso (de Miró)
> los discos compactos de Enrique Iglesias (de Ricky Martín)
> el video sobra la pintura española (la pintura italiana)
> la película de Pedro Almodóvar (Carlos Saura)
> la biografía del rey Juan Carlos (de la princesa Diana)

modelo: ¿Cuál prefieres, esta reproducción del cuadro de Picasso o aquélla de Miró?

1. _____

2. _____

3. _____

4. _____

5. _____

Madrid

Estás de visita en Madrid. Tu amigo(a) español(a) te pregunta qué quieres hacer. ¿Qué
te pregunta y cómo le contestas?

modelo: ir al tablao
　　　　　—¿Quieres ir a este tablao o a ese tablao?
　　　　　—Quiero ir a ése.

1. entrar al museo _____

2. comer en el restaurante _____

3. tomar el taxi _____

4. comprar las flores _____

5. sentarse bajo los árboles _____

¡En español! Level 3

GRAMÁTICA: REVIEW: ¿CUÁL? VS. ¿QUÉ?

13 Preguntas

Estás en un museo con un amigo que sabe muy poco del arte. ¿Qué te pregunta?
Completa sus preguntas con ¿qué? o ¿cuál?

1. ¿_____ es un paisaje?

2. ¿_____ de las figuras en el cuadro es el artista?

3. De los dos cuadros históricos, ¿_____ te interesa más?

4. ¿_____ piensas del arte moderno?

5. ¿_____ representa el símbolo al fondo de la pintura?

14 Los gustos artísticos

Quieres saber más de los gustos artísticos de tu compañero(a) de clase. También
quieres saber cuánto sabe del arte español. Escribe seis preguntas que le quieres hacer
usando ¿qué? o ¿cuál? Usa las ideas de la lista si quieres.

> fresco
>
> pinturas del siglo XII o del siglo XX   tapiz
>
> cuadro histórico
>
> arte moderno o arte clásico   ¿...?

1. _____

2. _____

3. _____

4 _____

5. _____

GRAMÁTICA: REVIEW: RELATIVE PRONOUNS 🌀🌀🌀🌀🌀🌀🌀

15 ¿Qué es?

Le quieres explicar a tu amigo(a) español(a) qué y quién son varias cosas y personas. ¿Qué le dices?

modelo: cuadro de Picasso (me gustó) <u>Es el cuadro de Picasso que me gustó</u>.

1. canción (oímos ayer en la radio)

   _____

2. artista (nos dio su autógrafo)

   _____

3. cuento (me fascinó)

   _____

4. bailaora (vimos en el tablao)

   _____

5. museo (contiene las obras de Velázquez)

   _____

16 De otra manera

Hay varios modos de expresar la misma cosa. Expresa las siguientes oraciones de otra manera, usando los pronombres relativos **que** o **quien(es)**. Sigue el modelo.

modelo: Te hablé de esa prima el otro día.
   <u>Ésa es la prima de quien te hablé el otro día.</u>

1. Ese poema lo escribió mi profesor, el poeta.

   _____

2. Ese autorretrato lo pintó mi amigo, el artista.

   _____

3. Todos los fines de semana estudio con ese amigo.

   _____

4. Esa canción la escribió mi primo, el compositor.

   _____

¡En español! Level 3

ESCUCHAR 🌀🌀🌀🌀🌀🌀🌀🌀🌀🌀🌀🌀🌀🌀🌀🌀

ACTIVIDAD 1 Tenochtitlán

Escucha a la profesora de arqueología mientras describe la historia de Tenochtitlán. Luego, escoge la palabra o frase que completa la oración correctamente.

1. Cristóbal Colón _____ entre Europa y América en 1492.

   a. conquista a los indígenas   **b.** abre el paso   **c.** conmemora a Europa

2. El _____ Hernán Cortés llega a México en 1518.

   a. almirante   **b.** cronista   **c.** conquistador

3. El _____ Bernal Díaz del Castillo acompaña a Cortés en su viaje transatlántico.

   a. cronista   **b.** conquistador   **c.** muralista

4. Los aztecas llevan a los españoles al Templo Mayor, un sitio que contiene varias _____ enormes.

   a. pirámides   **b.** jeroglíficos   **c.** ruinas

5. En 1978, se encuentran las ruinas de una _____ muy avanzada en el Templo Mayor en el centro de la Ciudad de México.

   a. descendencia   **b.** civilización   **c.** creencia

ACTIVIDAD 2 Los incas

La profesora continúa su discurso con una breve descripción de los incas. Escucha sus comentarios y completa las oraciones a continuación con las palabras que faltan.

1. La civilización de los incas fue una civilización indígena muy

   _____ .

2. Los incas establecieron su _____ en la costa de Perú.

3. Francisco Pizarro fue un _____ que llegó hasta la ciudad de Cuzco.

4. Los conquistadores lucharon por el oro y otros objetos prehispánicos _____ de los incas.

5. Machu Picchu es una obra maestra de arquitectura _____ .

6. Las _____ de Machu Picchu son visitadas por miles de turistas hoy día.

ACTIVIDAD
3 **Las tejedoras de Los Altos de Chiapas**

Escucha la narración de un documental sobre las tejedoras de Los Altos de Chiapas. Luego, decide si las oraciones que siguen son ciertas **C** o falsas **F**. Si son falsas, corrígelas.

1. C F   No se han perdido las técnicas precolombinas para construir pirámides.

_____

2. C F   La tradición de los textiles ha existido por muchos siglos.

_____

3. C F   Las técnicas para hacer los tejidos se pasan entre padre e hijo.

_____

4. C F   Los diseños de los tejidos presentan el concepto del mundo de los mayas.

_____

ACTIVIDAD
4 **Los mayas**

Escucha el programa de radio sobre los mayas. Luego, contesta las preguntas a continuación en oraciones completas.

1. ¿Qué utilizaron los hombres religiosos para narrar la historia de su pueblo?

_____

2. ¿Dónde más se pueden encontrar los jeroglíficos de los mayas?

_____

3. ¿Qué documentaron los mayas en los jeroglíficos?

_____

4. ¿Qué hacen hoy los arqueólogos?

_____

5. ¿Qué ha desaparecido con los mayas?

_____

_____

VOCABULARIO

ACTIVIDAD 5 Los bailes

¿Qué sabes del origen de los bailes latinoamericanos? Contesta las preguntas.

1. ¿Dónde se baila la bamba? (Veracruz)

_____

2. ¿Dónde se baila la habanera? (Cuba)

_____

4. ¿Dónde se baila el mambo? (Cuba)

_____

5. ¿Dónde se baila el tango? (Argentina)

_____

ACTIVIDAD 6 ¿Lo hiciste?

Después de tus viajes a Centroamérica, Sudamérica y Los Ángeles, tu compañero(a) de clase quiere saber si compraste, viste o conociste varias cosas y personas. ¿Qué te pregunta y cómo le respondes?

modelo:

(Guatemala)—¿Compraste la blusa bordada?
—Sí, compré la blusa bordada de Guatemala.

(Ciudad de México) _____

1. _____

(Palenque) _____

2. _____

(Chiapas) _____

3. _____

ACTIVIDAD 7 ¿Qué aprendí?

Sin abrir tu libro de texto, completa las oraciones a continuación con la palabra correcta del vocabulario.

1. Las tejedoras de Los Altos de Chiapas son de _____ maya.

2. Cristóbal Colón _____ entre los continentes.

3. Los mayas tenían una _____ muy avanzada.

4. El _____ Hernán Cortés conquistó a los aztecas.

5. Los _____ mayas explican la historia del pueblo maya.

6. En la Ciudad de México se encuentran las _____ del Templo Mayor.

7. Las _____ de los textiles se han mantenido vivas por las mujeres mayas.

ACTIVIDAD 8 Una civilización

A continuación hay seis preguntas que puedes usar para pensar sobre la civilización precolombina.

1. ¿Cuáles eran las creencias de la civilización?
   _____

2. ¿Cuáles conquistadores lucharon contra la civilización?
   _____

3. ¿Dónde están las ruinas de la civilización?
   _____

4. ¿Cuáles fueron las tradiciones de la civilización?
   _____

5. ¿Escribieron algo los cronistas sobre la civilización?
   _____

6. ¿Utilizaron jeroglíficos para narrar la historia del pueblo?
   _____

7. ¿…? _____

GRAMÁTICA: REVIEW: DIRECT OBJECT PRONOUNS 〰〰〰〰

ACTIVIDAD
9 **¿Lo has hecho?**

Arabela quiere saber si has hecho ciertas cosas y te hace muchas preguntas. Dile que nunca has hecho lo que te pregunta. Contéstale usando en tu respuesta el pronombre de complemento directo correcto.

modelo: ¿Has visto las ruinas de Tenochtitlán? <u>No, nunca las he visto.</u>

1. ¿Has bailado el jarabe tapatío alguna vez?

_____

2. ¿Has leído las crónicas de Bernal Díaz del Castillo?

_____

3. ¿Has visitado el Templo del Jaguar en Tikal?

_____

4. ¿Has visto el mural de Diego Rivera en la Ciudad de México?

_____

ACTIVIDAD
10 **Rafael**

Rafael quiere saber si quieres hacer varias cosas. ¿Qué te pregunta? Usa el verbo entre paréntesis y el pronombre de complemento directo en sus preguntas. Sigue el modelo.

modelo: Vi un video sobre los mayas. (alquilar)
       <u>¿Quieres alquilarlo?</u>

1. Mira este tejido maya. ¡Qué maravilloso! (comprar) _____

2. Yo sé bailar algunos bailes latinoamericanos. (aprender) _____

3. Hay un fabuloso autorretrato de Frida Kahlo en su museo. (ver)

_____

4. Tengo dos amigas muy simpáticas que quieren ir con nosotros al museo. (invitar)

_____

5. Acabo de comprar las poesías de Octavio Paz. (leer) _____

Unidad 5
Etapa 2

CUADERNO
Más práctica

GRAMÁTICA: REVIEW: INDIRECT OBJECT PRONOUNS

**Unidad 5
Etapa 2**

**CUADERNO
Más práctica**

ACTIVIDAD **11** De regreso

Fuiste a México a visitar a tus tíos y primos. Ahora estás de regreso y todo el mundo quiere saber cómo te fue y qué les trajiste. ¿Cómo les respondes? Sigue el modelo.

modelo: —¿Qué me trajiste de México? (blusa bordada)
—<u>Te traje una blusa bordada</u>.

1. ¿Qué le compraste a tu padre? (póster de un mural de Diego Rivera)

_____

2. ¿Qué les preguntaste a tus tíos al llegar? (cuál era mi cuarto)

_____

3. ¿Qué les llevaste a tus tíos? (unos regalitos de Estados Unidos)

_____

4. ¿Qué te dijeron tus primos? (que había crecido)

_____

5. ¿Qué nos mandaste de México? (tarjetas postales)

_____

ACTIVIDAD **12** ¡Me voy a Perú!

Te vas de viaje a Perú. Estás en el aeropuerto con tu familia y tus amigos. Le dices algo especial a cada uno para despedirte. ¿Qué les dices? Escribe cinco oraciones diciéndoles qué les vas a mandar, escribir, comprar, etc. Usa los pronombres de complemento indirecto.

1. _____

2. _____

3. _____

4. _____

5. _____

GRAMÁTICA: MORE ON RELATIVE PRONOUNS

ACTIVIDAD 13 La estudiante universitaria

Una estudiante universitaria que estudia las civilizaciones precolombinas escribió las siguientes entradas en su diario. Completa sus pensamientos con las formas correctas de **el que, el cual, la que** o **la cual** para saber más de lo que está aprendiendo.

1. El jade, _____ es una piedra preciosa, se encuentra en muchos de los objetos precolombinos.

2. La universidad en _____ estudio tiene un programa de civilizaciones precolombinas muy famoso.

3. La profesora Sánchez, _____ conocí en la Universidad de Texas, se conoce por sus investigaciones de la cultura maya.

4. Los murales de Diego Rivera, especialmente _____ pintó en la Ciudad de México, ofrecen su interpretación de la vida precolombina.

5. Los jeroglíficos mayas, _____ todavía no se han descifrado por completo, son un misterio artístico del mundo de la arqueología.

ACTIVIDAD 14 El arte y la literatura

Varios estudiantes escriben sus opiniones sobre varios artistas y escritores. ¿Qué dicen? Completa las oraciones con las formas correctas del pronombre relativo **cuyo** para saber qué piensan.

1. Carlos Fuentes, _____ novelas se venden mundialmente, es un escritor mexicano.

2. Diego Rivera, _____ murales se encuentran en varios países, empezó a pintar desde muy niño.

3. Frida Kahlo, _____ autorretratos la han hecho famosa, murió muy joven.

4. Laura Esquivel, _____ novela *Como agua para chocolate* recibió muchos premios, tiene una visión artística bastante original.

5. Las tejedoras de Chiapas, _____ tejidos preservan las tradiciones mayas, son muy trabajadoras.

Unidad 5, Etapa 2

CUADERNO
Más práctica

GRAMÁTICA: LO QUE ⌂⌂⌂⌂⌂⌂⌂⌂⌂⌂⌂⌂⌂⌂⌂⌂⌂⌂⌂⌂⌂⌂

¡Me fascinó!

Fuiste a Lima, Perú de vacaciones y todo te fascinó. Usa la frase **lo que** para decir lo que te fascinó. Sigue el modelo.

modelo: ver en los mercados <u>Me fascinó lo que vi en los mercados</u>.

1. aprender de las culturas indígenas

_____

2. leer en los periódicos

_____

3. conocer de la ciudad

_____

4. venderse en las calles

_____

¿Qué quieres?

Vas a ir a una excavación arqueológica este verano. Di lo que quieres aprender en la excavación. Usa los verbos de la lista, si quieres. Escribe cinco oraciones. Cada oración debe tener dentro de ella la frase **lo que**.

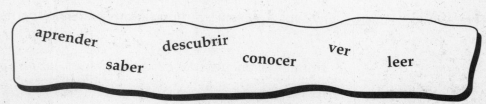

aprender   descubrir   ver

saber   conocer   leer

1. _____

2. _____

3. _____

4. _____

5. _____

ESCUCHAR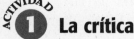

Tape 15 · SIDE B
CD 15 · TRACKS 6–9

ACTIVIDAD 1 La crítica

La novela *Bajo otro cielo* acaba de salir y muchos críticos están examinándola. Escucha a la crítica de la radio expresar sus opiniones sobre la novela. Luego, subraya la palabra o la frase que resuma lo que dijo la crítica.

1. a. contemporáneo b. tradicional c. derivado

2. a. dramático b. deslumbrante c. derivado

3. a. predecible b. innovador c. derivado

4. a. irónico b. simbólico c. amenazador

5. a. amenazador b. emocionante c. expresivo

6. a. no es predecible b. no es simbólico c. no es expresivo

ACTIVIDAD 2 La entrevista

Escucha a un amigo que está leyendo algunas partes de la entrevista con la autora de *Bajo otro cielo* que salió en el periódico y completa las oraciones siguientes con las palabras correctas de la lista.

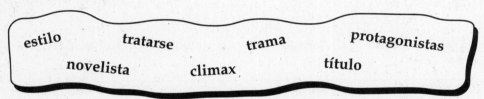

estilo tratarse trama protagonistas
novelista climax título

1. *Bajo otro cielo* es _____ de la novela.

2. Josefina Teresa Almodóvar Pérez es _____.

3. Margarita Buscasueños y Joaquín Esperanzado son _____.

4. La novela _____ de dos personajes que luchan por sus vidas en distintas partes del mundo.

5. Parte de _____ se desarrolla en aeropuertos.

6. El _____ es muy emocionante.

7. El _____ de *Bajo otro cielo* es innovador.

Unidad 5
Etapa 3

CUADERNO
Más práctica

ACTIVIDAD 3 La sensación

El anunciador de un programa habla sobre la nueva novela de Josefina Teresa Almodóvar Pérez. Escucha su anuncio y luego decide si las oraciones a continuación son ciertas (**C**) o falsas (**F**). Si son falsas, corrígelas.

1. C   F   Josefina Teresa Almodóvar Pérez es un talento deslumbrante.

_____

2. C   F   Josefina tiene un estilo formuláico y predecible.

_____

3. C   F   Según el anunciador, la confusión de las maletas es simbólica.

_____

4. C   F   La novela les gustará sólo a los jóvenes.

_____

5. C   F   Su próxima novela va a tratar de algún tema cibernético.

_____

ACTIVIDAD 4 Nayeli de la Madrid

Ha salido una nueva novela escrita por Nayeli de la Madrid. Escucha al crítico y luego contesta las preguntas a continuación según sus comentarios.

1. ¿Qué piensan los críticos de la nueva novela de Nayeli de la Madrid?

_____

2. ¿Cómo se titula la novela?

_____

3. ¿Quién es la protagonista de la novela?

_____

4. ¿Cómo describe el crítico el tema de la novela?

_____

5. ¿Cómo describe el crítico la trama de la novela?

_____

VOCABULARIO ⊙⊙⊙⊙⊙⊙⊙⊙⊙⊙⊙⊙⊙⊙⊙⊙⊙⊙⊙⊙⊙⊙⊙⊙⊙⊙⊙⊙

ACTIVIDAD 5 La vida madrileña

Lees estas oraciones en un artículo en el periódico. Escribe la palabra que indica a lo que se refiere cada oración.

1. Ha escrito varios libros de cuentos. _____

2. Ha escrito una serie de novelas cibernéticas. _____

3. El personaje principal es un profesor de arte en Madrid. _____

4. La novela se titula *La vida madrileña.* _____

5. El museo es el símbolo de la perspectiva artística del protagonista.

_____

6. Escribe de una manera muy complicada e innovadora. _____

ACTIVIDAD 6 El ensayo

Tienes que escribir un ensayo sobre varias novelas que acabas de leer. Vuelve a escribir las oraciones en tu ensayo de una manera más breve. Sigue el modelo.

modelo: Esta novela contiene unas ideas nuevas y únicas. <u>Es original.</u>

1. En esta novela, el autor usó la fórmula de siempre.

_____

2. La novela está llena de drama. _____

3. Esta novela se parece mucho a otra que leí el año pasado.

_____

4. No pude dejar de leer hasta que terminé. _____

5. Tiene un estilo de escribir que expresa los sentimientos muy claramente.

_____

6. La novela está llena de ironía. _____

7. El final no me sorprendió. _____

Unidad 5 Etapa 3 CUADERNO Más práctica

7 Me parece

Escoge una novela que leíste recientemente y escribe una oración para cada uno de los temas a continuación.

1. el estilo del escritor _____

2. la trama _____

3. el clímax _____

4. el simbolismo _____

5. los personajes principales _____

6. el (la) novelista _____

8 La película

Acabas de ver una película nueva con tus amigos. ¿Qué piensan ustedes de ella? Escribe seis preguntas para hacerles a tus compañeros y contéstalas también. Tus preguntas pueden tratar de la trama, el (la) protagonista, el final, el guión, el director, los actores, etc.

1. _____

_____

2. _____

_____

3. _____

_____

4. _____

_____

5. _____

_____

6. _____

_____

Unidad 5 Etapa 3

CUADERNO Más práctica

GRAMÁTICA: REVIEW: DOUBLE OBJECT PRONOUNS

ACTIVIDAD 9 ¿Entendiste?

En la clase de literatura, un(a) compañero(a) de clase quiere saber si entendiste varios elementos de la novela que acaban de leer. Tú le contestas que los entendiste porque te los explicó el profesor. Sigue el modelo.

modelo: ¿Entendiste la trama de la novela? Sí, me la explicó el profesor.

1. ¿Entendiste el simbolismo en la novela?

_____

2. ¿Entendiste la ironía en la novela?

_____

3. ¿Entendiste el significado del título de la novela?

_____

4. ¿Entendiste el final de la novela?

_____

5. ¿Entendiste el clímax de la novela?

_____

ACTIVIDAD 10 ¡Hazlo!

Tu hermano(a) te dice que unos amigos te piden cosas. Dile a tu hermano(a) que haga lo que ellos piden. Usa el verbo entre paréntesis en tu mandato. Sigue el modelo.

modelo: Rodolfo quiere usar tu computadora. (prestar) Préstasela.

1. María quiere ver el cuadro que pintaste. (mostrar) _____

2. Hernán quiere una copia del cuento que escribiste. (mandar) _____

3. A Carlos le gusta mucho esa corbata que nunca te pones. (dar) _____

4. Martín quiere comprar esas lámparas que ya no usas. (vender) _____

5. Juan quiere que le lleve los libros que te prestó. (llevar) _____

Unidad 5
Etapa 3

CUADERNO
Más práctica

ACTIVIDAD 11 Quiero

Tienes un(a) nuevo(a) amigo(a) español(a) y quieres hacer varias cosas para él (ella). Dile a tu compañero(a) de clase qué quieres hacer para tu nuevo(a) amigo(a). Sigue el modelo.

modelo: el regalo (llevar) <u>Quiero llevárselo.</u>

1. la impresora (prestar) _____

2. el dinero (enviar) _____

3. los libros usados (vender) _____

4. las pulseras (dar) _____

5. los autorretratos (mostrar) _____

ACTIVIDAD 12 ¿Cuándo?

Tú le dices a un(a) compañero(a) de clase que vas a hacer varias cosas. Él (Ella) quiere saber cuándo las vas a hacer. ¿Qué te pregunta? Sigue el modelo.

modelo: Voy a enviarle las fotos de mi viaje a mi amiga española.
          <u>¿Cuándo se las vas a enviar?</u>

1. Voy a llevar los regalos de España a mis tíos.

_____

2. Voy a devolver el anillo a mi novio.

_____

3. Voy a escribir una carta a mi abuela.

_____

4. Voy a pedirles permiso a mis padres para salir esta noche.

_____

5. Voy a explicarle el problema a mi vecino.

GRAMÁTICA: NOMINALIZATION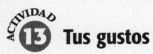

ACTIVIDAD 13 Tus gustos

Iván, tu nuevo amigo español, quiere saber más sobre tus gustos y te hace muchas preguntas. ¿Qué te pregunta y cómo le contestas? Sigue el modelo.

modelo: las películas (moderno, clásico)
<u>¿Cuáles prefieres, las películas modernas o clásicas? Prefiero las modernas</u>
<u>(las clásicas).</u>

1. las novelas (cómico, romántico) _____

_____

2. el estilo de baile (nuevo, viejo) _____

_____

3. la música (clásico, moderno) _____

_____

4. el carro (grande, chico) _____

_____

ACTIVIDAD 14 Opiniones

Tienes muchas opiniones sobre las obras artísticas. Expresa cinco opiniones sobre las obras mencionadas en la lista, o sobre las que prefieres.

modelo: <u>He visto muchas películas cómicas y muchas románticas, pero creo que</u>
<u>prefiero las románticas.</u>

1. película _____

2. novela _____

3. estilo de escribir _____

4. guión _____

5. cuadro _____

Unidad 5
Etapa 3

CUADERNO
Más práctica

GRAMÁTICA: MORE ON NOMINALIZATION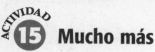

ACTIVIDAD 15 Mucho más

¿Qué te parecieron las siguientes cosas? Di que la primera te gustó mucho más que la segunda. Sigue el modelo.

modelo: cuento de ciencia ficción (de horror)/original
El cuento de ciencia ficción me pareció mucho más original que el de horror.

1. actriz de Buenos Aires (de Madrid)/natural _____

   _____

2. director de México (de Colombia)/simpático _____

   _____

3. Protagonista de la película cómica (de la romántica)/inteligente _____

   _____

   _____

4. poema de tres versos (de cinco)/expresivo _____

   _____

5. protagonista de la novela (de la película)/atrevida _____

   _____

ACTIVIDAD 16 Comparaciones

Compara las siguientes cosas de un modo expresivo. Expresa tu opinión de las dos cosas.

modelo: carro (de dos puertas, de cuatro puertas) <u>Cuando compre un carro, definitivamente voy a comprar uno de dos puertas, no uno de cuatro.</u>

1. joyería (de oro, de jade) _____

2. chaqueta (de lana, de cuero) _____

3. películas (de ciencia ficción, de horror) _____

4. cuadro (de Velázquez, de Goya) _____

5. novela (de Esquivel o de Allende) _____

Unidad 5
Etapa 3

CUADERNO
Más práctica

ESCUCHAR

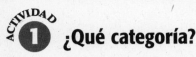

1 ¿Qué categoría?

Escucha a la familia Blanco mientras tratan de decidir qué programa quieren ver. Luego subraya la categoría del programa que describen.

1. **a.** ciencia ficción   **b.** horror   **c.** documental
2. **a.** dibujos animados   **b.** acción   **c.** documental
3. **a.** concurso   **b.** horror   **c.** acción
4. **a.** ciencia ficción   **b.** documental   **c.** dibujos animados
5. **a.** entrevista   **b.** documental   **c.** concurso
6. **a.** misterio   **b.** entrevista   **c.** documental
7. **a.** acción   **b.** misterio   **c.** horror
8. **a.** entrevista   **b.** concurso   **c.** misterio

2 Índice de audiencia

La familia Delgado tiene hijos menores de 13 años y tienen que decidir qué programas pueden ver según el índice de audiencia (*rating*). Escucha sus comentarios y di cuál es el índice de cada programa: **Apto para toda la familia; Se recomienda discreción; o Prohibido para menores.** Escribe el índice en el espacio en blanco según sus comentarios.

1. _____

2. _____

3. _____

4. _____

5. _____

6. _____

Nombre _____ Clase _____ Fecha _____

ACTIVIDAD 3 El canal 18

Ves la tele y escuchas un anuncio sobre los programas que van a pasar hoy en el canal 18. Escucha el anuncio y escribe a qué hora van a dar cada programa.

1. Aventura: hora _____

2. Ciencia ficción: hora _____

3. Dibujos animados: hora _____

4. Documental: hora _____

5. Horror: hora _____

6. Misterio: hora _____

ACTIVIDAD 4 ¿De qué se trata?

Escucha la descripción de cuatro películas y escoge el dibujo que corresponde a cada descripción. Para los dibujos escribe dos oraciones: una que explique de qué se trata la película y otra que identifique la categoría de la película.

a

b

c

d

1. _____
   _____

2. _____
   _____

3. _____
   _____

4. _____
   _____

VOCABULARIO 🌀🌀🌀🌀🌀🌀🌀🌀🌀🌀🌀🌀🌀🌀🌀🌀🌀

5 La tele

Es domingo por la tarde y varias personas ven la tele. ¿Qué dicen? Completa sus oraciones con las palabras correctas de la lista.

a.	cambia el canal	**d.**	grabar
b.	control remoto	**e.**	teleserie
c.	en vivo y directo	**f.**	videocasetera

1. «Es un programa de entrevistas _____. Están entrevistando a varios actores en este momento en sus casas».

2. «No quiero ver ese programa. Por favor _____ ».

3. «Quiero cambiar el canal. ¿Me pasas el _____ ?»

4. «Pon el video en la _____ para grabar este programa».

5. «No voy a estar en casa esta noche y quiero _____ mi programa favorito».

6. «Todos los jueves por la noche me gusta ver la _____ titulada "Amigos"».

6 Tienda de videos

Trabajas en una tienda de videos. Varios clientes te piden películas y tú les tienes que decir en qué sección están.

1. — Por favor, busco «La invasión de los extraterrestres.»

   — _____

2. — Busco un programa que se titula «Naturaleza: sobre el volcán.»

   — _____

3. — ¿Tiene usted la película «Misión Imposible»?

   — _____

4. — Mis hijos quieren ver la historia de «La Bella y la Bestia.»

   — _____

Nombre _____ Clase _____ Fecha _____

7 Mis programas favoritos

Todos tenemos nuestros programas y películas favoritas. Nombra dos de tus programas o películas favoritas. Escribe la categoría de cada programa o película y escribe una oración que explica por qué te gusta.

1. Título del programa/película: _____

Categoría: _____

¿Por qué te gusta?: _____

2. Título del programa/película: _____

Categoría: _____

¿Por qué te gusta?: _____

8 ¡Eres productor(a)!

Eres productor(a) de televisión. Tienes que inventar cuatro programas para la programación del otoño. Escoge cuatro categorías para tus programas y dale un título a cada uno. Luego escribe un resumen breve de qué se trata cada programa.

1. Categoría: _____

Título: _____

Resumen: _____

2. Categoría: _____

Título: _____

Resumen: _____

3. Categoría: _____

Título: _____

Resumen: _____

4. Categoría: _____

Título: _____

Resumen: _____

GRAMÁTICA: REVIEW: USES OF PRETERITE AND

IMPERFECT ⊚⊚⊚⊚⊚⊚⊚⊚⊚⊚⊚⊚⊚⊚⊚⊚⊚⊚⊚⊚⊚⊚⊚⊚⊚⊚⊚⊚⊚

 **La cita**

Enrique y su novia Graciela salieron hace unos días. Completa las oraciones de Enrique con el pretérito o el imperfecto del verbo entre paréntesis para saber qué les pasó.

1. _____ ir al cine. (querer/nosotros)

2. _____ porque no _____ ver la misma película. (pelearse/nosotros; querer/nosotros)

3. _____ ir a cenar para poder hablar de las opciones. (decidir/nosotros)

4. _____ un periódico para ver qué _____ dando en el Cineplex. (comprar/yo; estar)

5. Cuando _____ al Cineplex, ¡se habían acabado los boletos! (llegar/nosotros)

ACTIVIDAD 10 Mi tío, el ladrón

Ana María fue a ver una película y le escribió un mensaje electrónico a un amigo describiendo la película. Completa su mensaje electrónico con el pretérito o el imperfecto de los verbos entre paréntesis.

_____ (ver/yo) una película muy original el otro día. El título _____ (ser) «Mi tío, el ladrón.» _____ (tratarse) de un señor que _____ (caminar) dormido. Lo curioso era que no _____ (acordarse/él) de lo que hacía en sus caminatas sonámbulas. Una vez, _____ (entrar/él) a un restaurante que todavía _____ (estar) abierto y _____ (robarse) todo el dinero de la caja registradora. Esa vez la policía no _____ (lograr) capturarlo. El narrador, el sobrino del ladrón, _____ (decidir) perseguirlo una noche para ver lo que _____ (hacer/él). Cuando _____ (darse/él) cuenta de que su tío _____ (ser) ladrón, no _____ (saber/él) qué hacer. Por fin decidió decírselo a sus padres pero antes de que _____ (poder) hacerlo, la policía _____ (venir) a la casa y se explicó todo. _____ (ser) una película muy chistosa. _____ (reírse/yo) mucho.

Nombre _____ Clase _____ Fecha _____

GRAMÁTICA: REVIEW: INDICATIVE AND SUBJUNCTIVE

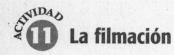

11 La filmación

En una filmación, muchas cosas tienen que pasar. ¿Qué hicieron o qué harán todas las personas en la filmación? Completa las oraciones con la forma correcta del verbo entre paréntesis. Asegúrate que hayas escogido el subjuntivo o el indicativo según lo requiera la oración.

1. La actriz aprendió sus líneas en cuanto _____ el guión. (recibir)

2. El director les dará las instrucciones a los actores en cuanto _____. (llegar)

3. Los actores se pusieron el maquillaje después de que _____. (comer)

4. El actor se puso el vestuario cuando se lo _____ la productora. (traer)

5. La productora llamará a los actores en cuanto le _____ el director. (decir)

12 Yo soy el (la) director(a)

Eres el (la) director(a). Di lo que pasará o lo que ya pasó en tu filmación. Expresa cualquier duda que tengas sobre la producción. Escribe seis oraciones usando las frases del banco de palabras.

> en cuanto   tan pronto como   dudo que
>
> hasta que   después de que   cuando

1. _____

2. _____

3. _____

4. _____

5. _____

¡En español! Level 3

GRAMÁTICA: REPORTED SPEECH   ꧁꧁꧁꧁꧁꧁꧁꧁꧁꧁꧁꧁꧁

ACTIVIDAD 13 Sergio

A tu amigo Sergio le gustan mucho las películas. Sergio te contó varias cosas que a él le gustaría hacer. Cuéntale a otro amigo lo que te dijo Sergio. Sigue el modelo.

modelo: comprar una videocasetera <u>Dijo que compraría una videocasetera.</u>

1. ver el documental sobre los osos gigantes _____

   _____

2. cambiar el canal a las ocho _____

3. grabar su programa favorito _____

4. controlar el control remoto _____

5. comprar la tele-guía _____

ACTIVIDAD 14 Mamá dijo que...

Tienes que cuidar a tu hermana menor. Tu mamá te dio muchas instrucciones sobre lo que no quería que hiciera tu hermana mientras ella no estaba en casa. Tú le dices a tu hermana lo que dijo tu madre. Sigue el modelo.

modelo: no ir al cine <u>Dijo que no fueras al cine.</u>

1. no llamar a tus amigos _____

2. no acostarte muy tarde _____

3. no invitar a tus amigos a la casa _____

4. no alquilar un video _____

5. no comer chocolates _____

6. no tomar refrescos _____

7. no salir después de las siete _____

8. no pedir dinero _____

9. no jugar juegos electrónicos _____

10. no tocar la trompeta _____

Nombre _____ Clase _____ Fecha _____

GRAMÁTICA: SEQUENCE OF TENSES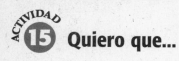

 Quiero que...

Tienes una amiga que tiene muchas ideas de lo que tú puedes hacer con ella. Completa sus oraciones. Sigue el modelo.

modelo: tú/ir al cine/conmigo <u>Quiero que vayas conmigo al cine.</u>

1. tú/recogerme/en casa _____

2. tú/conocer/a mis padres _____

3. nosotros/ver/una película de acción _____

4. tú/pagar/por los boletos _____

5. tú/comprarme/un refresco _____

16 **¡Te había dicho!**

Tus padres llegan a casa y no has hecho lo que te dijeron. Ahora están enojados contigo. ¿Qué te dice cada uno? Sigue el modelo.

modelo: no encender el televisor <u>Te había dicho que no encendieras el televisor.</u>

1. leer en vez de ver la televisión _____

2. hacer los quehaceres _____

3. estudiar hasta las ocho _____

4. compartir las papitas con tus hermanos _____

_____

5. escucharme _____

¡En español! Level 3

ESCUCHAR ෴෴෴෴෴෴෴෴෴෴෴෴෴෴

ACTIVIDAD 1 Equipos necesarios

Termina las oraciones de Mariana con el equipo electrónico que necesita.

1. _____

2. _____

3. _____

4. _____

5. _____

ACTIVIDAD 2 Mundo de los descuentos

Escucha el anuncio de «Mundo de los descuentos». Luego escribe el nombre del producto y el precio que ofrecen debajo del dibujo que corresponde.

_____

_____

_____

_____

_____

_____

_____

_____

_____

_____

_____

_____

ACTIVIDAD 3 ¿Debes comprarlo o no?

Escucha lo que dicen estos dependientes de varios productos electrónicos. Luego, marca si son buenos productos que debes comprar o no.

1. ___ Debo comprarlo.
   ___ No debo comprarlo.

2. ___ Debo comprarlo.
   ___ No debo comprarlo.

3. ___ Debo comprarlo.
   ___ No debo comprarlo.

4. ___ Debo comprarlo.
   ___ No debo comprarlo.

5. ___ Debo comprarlo.
   ___ No debo comprarlo.

ACTIVIDAD 4 CompuVisión

Una clienta entra a CompuVisión a comprar un producto electrónico. Escucha la conversación entre el empleado y la cliente. Luego, contesta las preguntas siguientes con oraciones completas.

1. ¿Por qué va el cliente a CompuVisión? _____

   _____

2. ¿Qué le dice el empleado de las marcas que venden? _____

   _____

3. ¿Qué intenta hacer el empleado? _____

   _____

4. ¿Cuánto le ofrece de descuento? _____

5. ¿Cómo describe el empleado el precio que le está ofreciendo? _____

   _____

6. ¿Qué clase de garantía le ofrece con la computadora portátil? _____

   _____

VOCABULARIO ⊙⊙⊙⊙⊙⊙⊙⊙⊙⊙⊙⊙⊙⊙⊙⊙⊙⊙⊙⊙⊙⊙⊙⊙⊙

ACTIVIDAD 5 ¡Me encantan!

A tu amiga le encantan los productos electrónicos. Completa sus oraciones con las palabras de la lista.

a. descompuesta

b. asistente electrónico

c. fax multifuncional

d. garantía

e. identificador de llamadas

f. beeper

1. Adoro mi _____. ¡Es mejor que la guía telefónica!

2. Mi _____ tiene muchas funciones: puede guardar 19 mensajes personales y también puede recibir 15 servicios informativos de noticias, tráfico y clima.

3. Mi _____ funciona como fax, impresora y copiadora.

4. Con el _____, puedo saber quién llama antes de contestar el teléfono.

5. Mi computadora está _____, pero no estoy preocupada porque la _____ cubre todas las reparaciones necesarias.

ACTIVIDAD 6 Los comentarios

Estás en la tienda ElectroMundo y escuchas varias conversaciones. Complétalas con las palabras del banco de palabras.

> marcas   me equivoqué   fíjese   distinguir
>
> funcionar   descompuesto   convenció

1. _____. Pensaba que el descuento era de 25%, pero es sólo de 15%.

2. El empleado me _____ que comprara la computadora portátil.

3. Hay muchas _____ de computadoras, pero decidí comprar una conocida porque creo que tendré menos problemas con ella.

4. _____ usted en la pantalla electrónica con mayor nitidez.

5. Es difícil _____ los productos electrónicos porque hay tantos modelos y tantas marcas.

ACTIVIDAD 7 Me quisiera comprar...

Quieres comprar varios productos electrónicos. Di cuáles te gustaría comprar y por qué crees que ese producto mejoraría tu vida.

modelo: Yo me quisiera comprar una computadora portátil. Así podría hacer la tarea en casa de mis amigos o en la biblioteca.

1.   **2.**   **3.**   **4.**   **5.**   **6.**

1. _____

2. _____

3. _____

4. _____

5. _____

6. _____

ACTIVIDAD 8 ¡Cómpreselo!

Trabajas en la tienda ElectroMundo. Quieres convencer a tres clientes que compren varios productos electrónicos. Explícales las ventajas del producto, el descuento que les puedes ofrecer, la marca del producto, la garantía que acompaña el producto y todos los demás detalles.

1. _____

_____

_____

2. _____

_____

_____

3. _____

_____

_____

GRAMÁTICA: REVIEW: CONJUNCTIONS

Unidad 6
Etapa 2

CUADERNO
Más práctica

ACTIVIDAD 9 Las condiciones

Los clientes de una tienda de productos electrónicos quieren comprar varios productos. Completa sus comentarios con la forma correcta de la frase entre paréntesis.

modelo: Voy a comprar el fax multifuncional antes de que (terminarse el descuento) <u>se termine el descuento</u>.

1. Voy a comprar el equipo estereofónico hoy a menos que (ellos/no tener la marca que quiero) _____.

2. Voy a comprar la videocámara en ElectroMundo con tal de que (ellos/ofrecerme un buen precio) _____.

3. Voy a comprar una computadora portátil en caso de que (yo/viajar mucho este año) _____.

4. Voy a comprar un beeper para que mi familia siempre (poder ponerse en contacto conmigo) _____.

ACTIVIDAD 10 En casa

Tu familia habla de los productos electrónicos que buscan o que tienen. Completa sus oraciones con la frase entre paréntesis. Escoge entre el indicativo y el subjuntivo.

1. Devolveré el equipo estereofónico (tan pronto como/yo/poder) _____
_____

2. Buscaré la marca que quiero (hasta que/yo/encontrarla) _____
_____

3. Cómprate la computadora portátil (cuando/tú/necesitarla) _____
_____

4. Me equivoqué de precio (cuando/yo/escuchar el anuncio) _____
_____

GRAMÁTICA: REVIEW: PREPOSITIONS OF LOCATION

Unidad 6
Etapa 2

CUADERNO
Más práctica

ACTIVIDAD 11 ¿Dónde están?

Tu papá te pregunta dónde están varias cosas. ¿Qué le dices? Para cada cosa, escoge lugares lógicos de la lista. Contesta sus preguntas en oraciones completas.

> encima de la mesa   enfrente del banco   dentro del garaje
>
> encima del televisor   debajo de la cama   afuera

1. ¿Dónde está la tienda de equipo electrónico? _____

2. ¿Dónde están mis zapatos? _____

3. ¿Dónde está el coche? _____

4. ¿Dónde está el teléfono inalámbrico? _____

5. ¿Dónde está el perro? _____

6. ¿Dónde está el control remoto? _____

ACTIVIDAD 12 En la tienda de productos electrónicos

Imagina que trabajas en una tienda de productos electrónicos. Varios clientes te preguntan por ciertos productos. Escribe cuatro preguntas que te hacen los clientes, luego escribe tus contestaciones. Usa adverbios y preposiciones de lugar.

modelo: —Perdón, ¿me puede decir dónde puedo encontrar los teléfonos celulares?
　　　　　—Sí, cómo no. Están en la sección de teléfonos, al lado de los teléfonos inalámbricos.

1. _____

_____

2. _____

_____

3. _____

_____

4. _____

_____

GRAMÁTICA: *pero* VS. *sino*

 **Irene**

Irene quería comprar un teléfono celular. Visitó dos tiendas, pero no pudo comprarlo. ¿Qué le pasó? Completa sus oraciones con **pero**, **sino** o **sino que**.

1. No quería comprar un teléfono inalámbrico _____ uno celular.

2. Fui a la tienda de equipo electrónico _____ no tenían la marca que quería.

3. No fui a ElectroMundo _____ a El Mundo de los Descuentos.

4. Ofrecían un descuento _____ no una garantía.

5. Entonces fui a ElectroMundo _____ estaba cerrado.

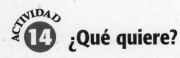 **¿Qué quiere?**

Marcos quiere hacer varias cosas. ¿Qué quiere? Di lo que quiere hacer. Escribe oraciones completas usando **sino**, **sino que** o **pero**. Sigue el modelo.

modelo: comprar una computadora portátil—no tener suficiente dinero
      Quiero comprar una computadora portátil pero no tengo suficiente dinero.

1. comprar un beeper—no necesitarlo _____
_____

2. no comprar un fax—una computadora portátil _____
_____

3. no comprar una marca desconocida—una conocida _____
_____

4. escuchar los mensajes en la contestadora automática—no tener tiempo _____
_____

 Consejos

Tienes que darle consejos a un amigo que va a comprar unos productos electrónicos. ¿Qué le dices? Usa **pero**, **sino** o **sino que** para darle cuatro consejos.

modelo: No debes comprar el fax multifuncional sino alquilarlo.

1. _____

2. _____

3. _____

4. _____

GRAMÁTICA: *se* FOR UNPLANNED OCCURRENCES

ACTIVIDAD 16 Lo inesperado

Siempre pasan cosas inesperadas. Ayer fue un día en el que les pasaron muchas cosas inesperadas a todos. Completa las oraciones para contar lo que pasó ayer.

1. a nosotros (acabar las tortillas) _____

2. a mí (descomponer el aire acondicionado) _____

3. a ella (perder los anteojos) _____

4. a ellos (acabar el dinero) _____

5. a ti (caer el vaso) _____

ACTIVIDAD 17 ¡Qué día!

Ayer fue un día horrible. Te pasaron muchas cosas terribles. Escribe cinco oraciones describiendo lo que te pasó. Utiliza las palabras de la lista y emplea **se** para eventos inesperados.

descomponerse   perderse   caerse   olvidarse

1. _____

2. _____

3. _____

4. _____

5. _____

¡En español! Level 3

ESCUCHAR ⦿⦿⦿⦿⦿⦿⦿⦿⦿⦿⦿⦿⦿⦿⦿⦿⦿⦿⦿⦿⦿⦿

ACTIVIDAD 1 El software

Una señora habla con una amiga y le explica qué programas necesita. Escucha lo que dice y luego escribe el programa que describe en los espacios en blanco, escogiendo del banco de datos.

> la base de datos   el programa anti-virus   el software
>
> la hoja de cálculo   el juego interactivo

1. _____

2. _____

3. _____

4. _____

5. _____

ACTIVIDAD 2 Una nueva computadora

Escucha la descripción que Claudia da a una amiga de su nueva computadora. Luego, marca los equipos que vinieron con la computadora.

_____ microprocesador

_____ memoria

_____ tarjeta de gráfica

_____ altoparlantes

_____ micrófono Multimedia

_____ tarjeta de sonido

_____ módem

_____ monitor

_____ teclado

_____ impresora a color

ACTIVIDAD 3 Unas preguntas

Contesta las preguntas que tiene Ricardo sobre las computadoras y el ciberespacio.

1. _____

2. _____

3. _____

4. _____

5. _____

ACTIVIDAD 4 Internet

Escucha la conversación que tiene Chela con su abuelo sobre el Internet. Luego, contesta las preguntas con oraciones completas.

1. ¿Qué quiere saber el abuelo de Chela? _____

_____

2. Según Chela, ¿por qué es importante la tarjeta de sonido? _____

_____

3. Después de conectarse, ¿qué vieron Chela y su abuelo en el monitor? _____

_____

4. ¿Qué quiere hacer el abuelo una vez que esté en línea? _____

_____

5. Para Chela, ¿cuál es el uso más importante de Internet? _____

_____

VOCABULARIO ㊉㊉㊉㊉㊉㊉㊉㊉㊉㊉㊉㊉㊉㊉㊉㊉㊉㊉㊉㊉㊉㊉㊉

ACTIVIDAD 5 La clase de computación

Escuchas varias conversaciones en la clase de computación. Completa los comentarios de los estudiantes con las palabras lógicas de la lista.

a. buzón electrónico

e. grupo de conversación

b. desconéctate

f. hacer doble clic

c. direcciones electrónicas

g. icono del programa

d. en línea

1. «Para abrir el programa, tienes que _____ en el _____».

2. «En mi asistente electrónico puse todas las _____ de mis amigos para tenerlas a mano cuando viaje».

3. «¡Qué bien! Tengo correo en mi _____ ».

4. «Visité un _____ en la red que era para jóvenes interesados en el diseño gráfico».

5. «¿Estás _____? Por favor, _____ porque necesito usar el teléfono».

ACTIVIDAD 6 Mi propia configuración

Imagina que quieres comprar un sistema de computación avanzado. Describe al empleado de CompuVisión lo que quieres y por qué lo quieres. Incluye todo el detalle que puedas.

_____

_____

_____

_____

_____

_____

_____

Unidad 6
Etapa 3

CUADERNO
Más práctica

ACTIVIDAD 7 Mi vida en ciberespacio

¿Eres ciber-fanático? ¿Cómo es tu vida en el ciberespacio? Escribe una oración que describa tu uso personal de la computadora y tus viajes al ciberespacio.

1. dirección electrónica (¿cuál es? y ¿por qué?) _____

_____

2. contraseña (¿cuántas veces la cambias? y ¿por qué?) _____

_____

3. correo electrónico (¿a quién le escribes? ¿cuántas veces por semana? ¿cuánto recibes?) _____

4. en línea (¿cuántas veces por día?) _____

_____

5. página-Web (¿cuáles páginas-Web visitas? y ¿por qué?) _____

_____

ACTIVIDAD 8 La ciber-fanática

Marisa le escribe un mensaje electrónico a un amigo por Internet. ¿Qué le dice? Completa su mensaje con las palabras del banco de palabras.

> en línea
> me conecto
> correo electrónico
> contraseña
> buzón electrónico
> página-Web
> grupos de conversación
> red mundial
> servicio de búsqueda

¿Sabes que soy muy aficionada a Internet? Es verdad, me conecto

_____ dos o tres veces por día. Escribo _____

a todos mis amigos. Siempre que _____, tengo por lo menos seis

o siete mensajes en el _____. Nunca le digo mi

_____ a nadie porque mis hermanitos son muy curiosos. Estoy

pensando que quiero crear una _____, así podría describir mi

vida. He participado en varios _____ pero todavía no he

conocido a nadie interesante. Con el _____ puedo encontrar

cualquier información que necesite. La _____ es un sistema de

comunicación fascinante, ¿no crees?

¡En español! Level 3

GRAMÁTICA: REVIEW: COMPARATIVES AND SUPERLATIVES

ACTIVIDAD 9 Las comparaciones

Emilio compara varias cosas relacionadas a la computadora e Internet. Sigue el modelo para saber sus opiniones.

modelo: módem interno (+ práctico) módem externo

El módem interno es más práctico que el módem externo.

1. grupo de conversación sobre las computadoras (+ interesante) grupo de conversación sobre la literatura _____

_____

2. página-Web de ElectroMundo (– informativa) página-Web de OficinaNet _____

_____

3. monitor a color (= grande) monitor a blanco y negro _____

_____

4. tarjeta de sonido (= importante) tarjeta de gráfica _____

_____

ACTIVIDAD 10 Consejos

La empleada de la tienda de computadoras te da varios consejos mientras examinas algunos productos electrónicos. Sigue el modelo para saber lo que ella te aconseja.

modelo: juegos interactivos (+ divertido)

De todos los juegos interactivos, éste es el más divertido.

1. tarjetas de gráfica (– práctica) _____

_____

2. configuraciones posibles (– costosa) _____

_____

3. programas anti-virus (+ seguro) _____

_____

4. tarjetas de sonido (+ popular) _____

_____

Unidad 6
Etapa 3

CUADERNO
Más práctica

ACTIVIDAD 11 Las profesiones

Algunas personas se destacan en sus profesiones y otras no. Amalia describe a varias personas en su comunidad. ¿Cómo son? Usa los superlativos **el (la) mejor, el (la) peor, los (las) mejores** o **los (las) peores** para saber qué piensa Lala de ellos. Sigue el modelo.

modelo: Brad es buen actor. (grupo teatral)
Brad es el mejor actor del grupo teatral.

1. Ricardo es buen atleta. (el equipo) _____

2. Sabrina es mala peluquera. (el salón de belleza) _____

_____

3. El señor Ortiz y el señor Barrera son buenos abogados. (el bufete) _____

_____

4. Juana y Sandra son malas actrices. (grupo teatral) _____

_____

5. La señora Velasco es buena arquitecta. (la ciudad) _____

_____

ACTIVIDAD 12 Es lógico

Compara cosas de tu vida. Puedes comparar a amigos, objetos o cualquier otra cosa. Usa los comparativos o los superlativos de la lista.

modelo: _La computadora que compré yo es tan barata como la que compró mi_
hermano.

> mejor/peor (estudiante, atleta, músico)
>
> más (importante, interesante, divertido)   menos (importante, interesante, divertido)   tan

1. _____

2. _____

3. _____

4. _____

GRAMÁTICA: SUMMARY OF PREPOSITIONS

ACTIVIDAD 13 La computadora de Julián

Beto describe lo que va a hacer esta tarde con sus amigos. Completa su descripción con las preposiciones **a, de, con** y **en**.

_____ el colegio no podemos usar las computadoras para navegar por Internet, sólo para hacer la tarea. Por eso, mi amigo Hernán y yo vamos _____ casa _____ Julián a conectarnos _____ Internet. Vamos a buscar un grupo de conversación para jóvenes _____ nuestra edad. Los padres _____ Julián no regresan _____ casa hasta las cinco _____ la tarde. Por eso tenemos el uso _____ la computadora toda la tarde. Yo tengo una computadora _____ mi casa, pero nunca la puedo usar porque mi papá la necesita para el trabajo. _____ el módem que tiene Julián, nos podemos conectar _____ Internet rápidamente. Tiene un módem _____ 56K. No debo quedarme toda la tarde. _____ toda la tarea que tengo, ¡nunca la voy a acabar!

ACTIVIDAD 14 Café Ciberespacio

Vas al Café Ciberespacio. Contesta las preguntas a continuación. Usa las preposiciones **a, con, de** y **en** para describir tus actividades en el Café.

1. ¿adónde vas? _____

2. ¿qué lejos está de tu casa? _____

3. ¿qué hay allí? _____

4. ¿con quién vas? _____

ACTIVIDAD 15 Mis navegaciones

Escribe un párrafo describiendo tus navegaciones por Internet. Usa las preposiciones **a, con, de** y **en**.

_____

_____

_____

_____

GRAMÁTICA: VERBS WITH PREPOSITIONS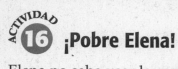

ACTIVIDAD 16 ¡Pobre Elena!

Elena no sabe usar la computadora muy bien. ¡Pobrecita! Siempre le pasan cosas horribles cuando trata de usarla. Completa sus oraciones con las formas apropiadas de los verbos de la lista para saber qué le pasó esta vez. ¡No olvides las preposiciones necesarias!

> aprender olvidarse ayudar tratar acabar
> invitar empezar enseñar tener ganas

1. Quiero _____ usar esta hoja de cálculo.

2. Pero cada vez que _____ estudiar el manual, suena el teléfono.

3. Casi siempre es mi amigo Gerardo quien me _____ salir a cenar o a tomar un café.

4. Siempre _____ que no tengo tiempo para divertirme con él.

5. Cada vez que _____ abrir el programa, el icono desaparece de la pantalla.

ACTIVIDAD 17 ¡Qué ganas!

Tienes ganas de hacer muchas cosas porque es el fin del año escolar y quieres celebrar. Pero tu hermano(a) te dice que no puedes hacer lo que quieres porque hay otras cosas que tienes que hacer. Escribe tres diálogos que reflejan esta situación.

modelo: —Tengo ganas de comerme un helado enorme.
　　　　　—¡Deja de pensar en tu helado! Tenemos que ayudar a mamá con los quehaceres.

1. _____

_____

2. _____

_____

3. _____

_____

TALK ABOUT PRESENT ACTIVITIES

Common -ar verbs

acampar	to camp
alquilar	to rent
ayudar	to help
bailar	to dance
caminar	to walk
cambiar	to change
cantar	to sing
cenar	to eat dinner
cocinar	to cook
comprar	to buy
desayunar	to have breakfast
descansar	to rest
desear	to desire
enseñar	to teach, to show
escuchar	to listen
esperar	to wait for, to hope
estudiar	to study
ganar	to win
hablar	to talk, to speak
lavar	to wash
limpiar	to clean
llamar	to call
llevar	to take along, to wear, to carry
mandar	to send
mirar	to look at, to watch
nadar	to swim
pasar	to pass, to happen
patinar	to skate
planchar	to iron
quedar	to be (in a specific place), to agree (on)
terminar	to finish
tomar	to take, to eat or drink
trabajar	to work

Common -er verbs

aprender	to learn
beber	to drink
comer	to eat
comprender	to understand
correr	to run
deber	should, ought to
leer	to read
vender	to sell

Common -ir verbs

abrir	to open
compartir	to share
escribir	to write
insistir	to insist
recibir	to receive
vivir	to live

Common stem-changing verbs

cerrar (ie)	to close
contar (ue)	to tell, to count
encontrar (ue)	to find, to meet
entender (ie)	to understand
llover (ue)	to rain
pensar (ie)	to think
perder (ie)	to lose
recordar (ue)	to remember
sentarse (ie)	to sit down
volver (ue)	to return, to come back

Common reflexive verbs

acostarse (ue)	to go to bed, to lie down
afeitarse	to shave
bañarse	to bathe
despertarse (ie)	to wake up

(Continued on Card 2)

ducharse	to take a shower
lavarse	to wash oneself
levantarse	to get up
maquillarse	to put on makeup
peinarse	to comb one's hair
ponerse	to put on

Common verbs with irregular yo form

caer	to fall
conocer	to know, to be familiar with
oír	to hear
salir	to leave, to go out
valer	to be worth

TALK ABOUT PAST ACTIVITIES

Common preterite stem-changing verbs

competir (i, i)	to compete
despedirse (i, i)	to say goodbye
dormir (ue, u)	to sleep
divertirse (ie, i)	to enjoy oneself
pedir (i, i)	to ask for, to order
preferir (ie, i)	to prefer
repetir (i, i)	to repeat
sentir (ie, i)	to feel
sugerir (ie, i)	to suggest
vestirse (i, i)	to get dressed

Common spelling-change preterite verbs

almorzar	to have lunch
apagar	to turn off
buscar	to look for
caer	to fall
comenzar	to start
cruzar	to cross
empezar	to begin
explicar	to explain
jugar	to play (a game)
llegar	to arrive
pagar	to pay
practicar	to practice
sacar	to take
tocar	to play (an instrument)

Common irregular preterite verbs

andar	to walk
conducir	to drive
dar	to give
decir	to say, to tell
estar	to be
hacer	to do, to make
ir	to go
poder	to be able, can
poner	to put
producir	to produce
querer	to want
saber	to know
ser	to be
tener	to have
traer	to bring
venir	to come
ver	to see

¡En español! Level 3

¡En español! 3 ETAPA PRELIMINAR 1

Present Tense of Regular Verbs

Use the **present tense** to talk about what you are doing now and what you plan to do in the immediate future.

Veo la tele.
Veo una película por semana.
Veo a Carmen esta noche.

Regular verbs

-ar

hablo	hablamos
hablas	habláis
habla	hablan

-er

como	comemos
comes	coméis
come	comen

-ir

vivo	vivimos
vives	vivís
vive	viven

In **stem-changing verbs,** change the vowel of the stem in the singular forms and in the third-person plural of the present tense.

e → ie

pienso	pensamos
piensas	pensáis
piensa	piensan

o → ue

duermo	dormimos
duermes	dormís
duerme	duermen

e → i

pido	pedimos
pides	pedís
pide	piden

(Continued on Card 2)

¡En español! 3 ETAPA PRELIMINAR 2

Irregular yo forms

Some verbs are irregular in the present tense only in the first person singular (**yo**) form.

Verbs like *hacer*
caigo, hago, pongo, salgo, traigo, valgo

Verbs with a spelling change: c → zc
conozco

Other verbs irregular in the *yo* **form:**
doy, sé, veo, estoy, voy, soy, tengo, vengo

The Preterite Tense of Regular Verbs

The **preterite** is used to talk about actions that you or others completed in the past.

Escribí cartas por un hora.
Bailamos toda la noche.

-Er and **-ir** verbs have the **same endings** in the preterite.

-ar

hablé	hablamos
hablaste	hablasteis
habló	hablaron

-er

comí	comimos
comiste	comisteis
comió	comieron

-ir

viví	vivimos
viviste	vivisteis
vivió	vivieron

Verbs with Spelling Changes in the Preterite

Certain verbs change the spelling of their **yo** forms in the **preterite.** The rest of the preterite forms are regular.

c → qu busqué

g → gu llegué

z → c almorcé

(Continued on Card 3)

¡En español! 3 ETAPA PRELIMINAR 3

Verbs with Stem Changes in the Preterite

-Ir verbs that have a change in the stem in the present tense also have a stem change (**e → i** or **o → u**) in the **preterite.**

sentir

sentí	sentimos
sentiste	sentisteis
sintió	sintieron

dormir

dormí	dormimos
dormiste	dormisteis
durmió	durmieron

Other verbs like **sentir:**
despedirse, divertirse, pedir, preferir, repetir, sugerir, vestirse

Irregular Preterites

A number of verbs have **irregular** preterite forms. The verbs **ser** and **ir** have the same forms.

ser, ir

fui	fuimos
fuiste	fuisteis
fue	fueron

These verbs are grouped by similar stem changes or other like forms.

tener

tuve	tuvimos
tuviste	tuvisteis
tuvo	tuvieron

estar

estuve	estuvimos
estuviste	estuvisteis
estuvo	estuvieron

andar

anduve	anduvimos
anduviste	anduvisteis
anduvo	anduvieron

poder

pude	pudimos
pudiste	pudisteis
pudo	pudieron

poner

puse	pusimos
pusiste	pusisteis
puso	pusieron

saber

supe	supimos
supiste	supisteis
supo	supieron

hacer

hice	hicimos
hiciste	hicisteis
hizo	hicieron

venir

vine	vinimos
viniste	vinisteis
vino	vinieron

querer

quise	quisimos
quisiste	quisisteis
quiso	quisieron

decir

dije	dijimos
dijiste	dijisteis
dijo	dijeron

traer

traje	trajimos
trajiste	trajisteis
trajo	trajeron

producir

produje	produjimos
produjiste	produjisteis
produjo	produjeron

dar

di	dimos
diste	disteis
dio	dieron

ver

vi	vimos
viste	visteis
vio	vieron

162 Preliminar

¡En español! Level 3

¡En español! 3 UNIDAD 1 ETAPA 1

DESCRIBE PEOPLE

Personality
atrevido(a) — daring
comprensivo(a) — understanding
considerado(a) — considerate
desagradable — unpleasant
descarado(a) — insolent, shameless
fiel — faithful
mimado(a) — spoiled
modesto(a) — modest
vanidoso(a) — vain

Physical appearance
los anteojos — glasses
el balón — soccer ball
la barba — beard
el bigote — mustache
el cabello — hair
calvo(a) — bald
la cola de caballo — ponytail
cuadrado(a) — square
esbelto(a) — slender
el flequillo — bangs
grueso(a) — heavy
los lentes de contacto — contact lenses
el lunar — beauty mark
ondulado(a) — wavy
el opuesto — opposite
ovalado(a) — oval
las pecas — freckles
redondo(a) — round
rojizo(a) — reddish
teñido(a) — dyed
triangular — triangular
verse — to look, to appear

Ya sabes
amable — nice
cómico(a) — funny
impaciente — impatient
obediente — obedient
paciente — patient
sociable — sociable
tímido(a) — shy

TALK ABOUT EXPERIENCES

Comparisons
a diferencia de — as contrasted with
al contrario — on the contrary
lo bueno/malo — the good thing/bad thing
lo más/lo menos — the most/least
lo mejor/peor — the best/worst
por un lado — on the one hand
por otro lado — on the other hand
semejante a — similar to

Interactions
compartir — to share
discutir — to discuss, to argue
hacerle caso a — to obey, to pay attention to
influir — to influence
resolver (ue) — to resolve
respetar — to respect
tener en común — to have in common

¡En español! 3 UNIDAD 1 ETAPA 2

DESCRIBE FASHIONS

Fashion
destacarse — to stand out
el (la) diseñador(a) — designer
la moda — fashion, style
suelto(a) — loose
la temporada — season, period of time
único(a) — unique, only
el vestuario — wardrobe

Items
la billetera — wallet
el bolso — shoulder bag
la cadena — chain
el llavero — keychain
la medalla — medallion
el monedero — change purse
los pendientes — dangling earrings
el prendedor — pin
las sudaderas — sweats

Likes and dislikes
caer bien/mal — to like/dislike
cómodo(a) — comfortable
detestar — to hate
formidable — great
genial — wonderful
horrible — horrible
incómodo(a) — uncomfortable
pesado(a) — boring, heavy

Materials
el algodón — cotton
el color brillante — bright color
el color claro — light color
el color oscuro — dark color
de un solo color — solid color
el cuero — leather
estampado(a) — print
el fleco — fringe
la lana — wool
la lentejuela — sequin
los lunares — polkadots
la mezclilla — denim
el poliéster — polyester
la seda — silk

Ya sabes
ancho(a), estrecho(a) — wide, narrow
apretado(a), flojo(a) — tight, loose
hacer juego con — to match with
oscuro(a) — dark
un par de — a pair of
las rayas — stripes
sencillo(a) — simple

PREDICT ACTIONS

Future of probability

TALK ABOUT PASTIMES
¿Dónde estará?
acampar — to camp
coleccionar — to collect
escalar montañas — to mountain climb
esquiar en el agua — to water-ski
hacer alpinismo — to go hiking
hacer montañismo — to go mountaineering
navegar por Internet — to surf the Internet
navegar en tabla de vela — to windsurf
pescar en alta mar — to go deep-sea fishing
pilotar una avioneta — to fly a single-engine plane
volar en planeador — to hang-glide

TO TALK ABOUT THE FUTURE

Future tense
Iré a la fiesta.

¡En español! 3 UNIDAD 1 ETAPA 3

TALK ABOUT HOUSEHOLD CHORES

Tasks
conectar — to connect
desarmar — to take apart
desconectar — to disconnect
desenchufar — to unplug
desyerbar — to weed
encender (ie) — to turn on
enchufar — to plug in
esconderse — to hide
regar (ie) — to water
reparar — to repair
vaciar — to empty

Objects
el basurero — trash-can, wastebasket
la bombilla — lightbulb
el cortacésped — lawnmower
desorganizado(a) — disorganized
el desván — attic
el gabinete — cabinet
las malas hierbas — weeds
el sótano — basement

Ya sabes
armar — to assemble
organizado(a) — organized
el televisor — television set

EXPRESS FEELINGS
animarse — to get encouraged, interested
dedicarse a — to apply yourself to something
desanimarse — to get discouraged
entusiasmarse — to get excited
oponerse a — to oppose
ponerse nervioso(a) — to get nervous
sentirse (ie) frustrado(a) — to feel frustrated

SAY WHAT FRIENDS DO
apoyarse — to support each other
ayudarse — to help each other
conocerse bien — to know each other well
contarse (ue) chismes — to tell each other gossip
contarse (ue) secretos — to tell each other secrets
llevarse bien/mal con — to get along well/badly (with)
odiarse — to hate each other
pelearse/no pelearse frecuentemente — to fight, not to fight often
perdonarse — to forgive each other
quejarse — to complain
saludarse — to greet, to say hello to each other
telefonearse — to phone each other

Impersonal se
Se habla español.
Se venden libros.

¡En español! Level 3

Ser vs. Estar

In Spanish there are two verbs that mean **to be**: *ser* and *estar*.

Use **ser**
• to identify people and things
• to express possession
• with **de** to express origin
• to say what something is made of
• to express time and date
• to tell where or when an event takes place
• for unchanging characteristics

Francisco **es** nervioso.
Francisco is a nervous person.

Use **estar**
• to express location
• to express a state (health, emotions, etc.)
• to form the present progressive

Francisco **está** nervioso hoy.
Francisco is nervous today.

Ser and **estar** can be used with the same **adjectives,** but with a difference in meaning.
Francisco **es** nervioso.
Francisco **está** nervioso hoy.

The Imperfect Tense

Use the **imperfect tense** to discuss habitual or incomplete actions in the past, to tell time in the past, and for descriptions.
-**ar** endings: -aba, -abas, -aba, -ábamos, -abais, -aban
-**er/-ir** endings: -ía, -ías, -ía, -íamos, -íais, -ían

Only **three verbs** are **irregular** in the imperfect: **ir, ser, ver.**

iba, era, veía		íbamos, éramos, veíamos
ibas, eras, veías		ibais, erais, veíais
iba, era, veía		iban, eran, veían

Preterite vs. Imperfect

• Use the **preterite** to describe actions **completed** in the past.
• Use the **imperfect** to describe **ongoing** actions in the past.
• Sometimes you use the **imperfect** and the **preterite** together.

Present and Past Perfect Tenses

Use **present** and **past perfect** for actions that **have** or **had** been done.
• The **present perfect** tense consists of present tense of **haber** (*to have*) + **past participle**
• To form **regular past participles,** drop the ending from the **infinitive** and add the following endings: -ar → -ado, -er/-ir → -ido
• Here are some **irregular past participles:** abierto, cubierto, dicho, escrito, hecho, muerto, puesto, resuelto, roto, visto, vuelto
• Use the **past perfect** tense when actions have already occurred.
• The **past perfect** refers to an action that had already occurred when something else happened.
• In both the **present** and **past perfect,** place **object pronouns** before the forms of **haber.**

Verbs like gustar

Verbs like **gustar** are often used with the **indirect object pronouns** *me, te, le, nos, os,* and *les* to express your and others' reactions to things. Other verbs that are used like **gustar:**
encantar, faltar, fascinar, molestar, interesar, quedarle bien/mal, importar

Por and Para

Por and **para** both mean *for* in English, but the meaning can change depending on use. Use **por** to indicate
• the idea of passing through — Esta carretera pasa **por** Tejas.
• general rather than specific location — No sé si hay una piscina **por** aquí.
• how long something lasts — Viví en Cuba **por** muchos años.
• the cause of something — No pude acampar **por** la tormenta.
• an exchange — Cecilia pagó mucho **por** sus anteojos.
• doing something in place of or instead of someone else — No puedo ir. ¿Puedes ir **por** mí?
• a means of transportation — Viajamos **por** barco.

Use **para** to indicate
• for whom something is done — Compraremos un regalo **para** Silvia.
• destination — Francisco tomó el avión **para** San Juan.
• the purpose for which something is done — Compré anteojos **para** ver mejor.
• to express an opinion — **Para** mí, el montañismo es maravilloso.
• to contrast or compare — **Para** programador, no sabe mucho de computadoras.
• to express the idea of a deadline — Hay que terminar la tarea **para** mañana.

The Future Tense

You already know two ways to talk about the future.
• **ir + a + infinitive**
• present tense

You can also use the **future** tense. All verbs have the same endings in the future tense: -é, -ás, -á, -emos, -éis, -án
With some verbs, you have to change the form of the infinitive slightly before adding the same future tense endings.
decir (**dir-**), hacer (**har-**), poner (**pondr-**), salir (**saldr-**), tener (**tendr-**), valer (**valdr-**), venir (**vendr-**), poder (**podr-**), querer (**querr-**), saber (**sabr-**)
The future of hay is **habrá.**

Future Tense to Express Probability

You can use the **future tense** to speculate about what might occur or what others are doing. When used this way, the **future tense** implies that you are **wondering about an event or guessing whether or not it has occurred.**

Reflexive Verbs

Use **reflexive verbs** to describe a person doing something that involves himself or herself. These verbs use **reflexive pronouns** that refer to the person doing the action.
Andrés **se** lastimó.   Lucía **se** despertó.

You can also use most of these verbs **nonreflexively.**
nonreflexive   **reflexive**
Desperté a mi hermanito.   **Me desperté** temprano.

You will often use **reflexive verbs** to refer to: **emotions, feelings, reactions.**

When using a **reflexive verb,** put the **reflexive pronoun** before the **conjugated verb.**
¿Cuándo **se levantó** Marcos?   Todavía no **se ha levantado.**

When you use a reflexive verb in the infinitive, put the **reflexive pronouns** either:
• before the **conjugated verb** — No **te debes** preocupar.
• or attach it to the end of the infinitive. — No debes **preocuparte.**

Reflexive Verbs Used Reciprocally

You can also use reflexive verbs to express the idea of **each other.**
Alicia y yo nos conocemos muy bien.
You can also add the phrase **el uno al otro (la una a la otra)** to emphasize the reciprocal meaning:
Mauricio y Alfredo se saludaron **el uno al otro.**

Impersonal Constructions with se

In order to avoid specifying who is doing the action of the verb, use the pronoun **se.**
Se alquila apartamento.
When you use **se,** the verb is always in the third person.
Aquí **se habla** español.
If the **noun** that follows the verb is plural, use the **ellos/ellas** form of the verb.
Aquí **se reparan** carros.
You can use this construction with **se** in all tenses.
Se hizo mucho./**Se había hecho** mucho./**Se hará** mucho.

¡En español! Level 3

¡En español! 3 UNIDAD 2 — ETAPA 1

SAY WHAT YOU WANT TO DO

Actions
- colaborar con — to collaborate with
- conservar más — to conserve more
- consumir menos — to consume less
- convivir — to live together; to get along
- crear — to create
- cuidar de — to take care of
- donar — to donate
- educar al público — to educate the public
- embellecer — to beautify
- estar a favor de — to be for
- estar en contra de — to be against
- hacer un esfuerzo — to make an effort
- juntar fondos — to fundraise
- luchar contra — to fight against
- participar — to participate
- permitir — to permit
- pertenecer — to belong
- preservar — to preserve
- recoger — to pick up
- resolver (ue) — to resolve
- sembrar (ie) — to plant
- trabajar de voluntario(a) — to volunteer
- valorar — to value
- votar — to vote

PEOPLE, PLACES AND THINGS
- los ancianos — the elderly
- los árboles — trees
- la basura — garbage
- la campaña — campaign
- el centro de la comunidad — community center
- el centro de rehabilitación — rehabilitation center
- el (la) ciudadano(a) — citizen
- el comedor de beneficencia — soup kitchen
- los derechos humanos — human rights
- el desarrollo — development
- la discriminación — discrimination
- los enfermos — the sick
- la gente sin hogar — the homeless
- los jóvenes — young people
- los minusválidos — the physically challenged
- la pobreza — poverty
- el prejuicio — prejudice
- el ser humano — human being
- el servicio social — social service
- la solución — solution

MAKE REQUESTS

Questions
- ¿Cómo puedo ayudarte? — How can I help you?
- ¿Podría(s) darme una mano? — Could you give me a hand?
- ¿Puede(s) ayudarme? — Can you help me?
- ¿Puede(s) hacerme un favor? — Can you do me a favor?

Responses
- Estoy agotado(a). — I'm exhausted.
- Lo siento mucho, pero... — I'm sorry, but . . .
- Me es imposible. — It's just not possible for me.
- No, de veras, no puedo. — No, really, I can't.
- ¿Por qué no? — Sure, why not?
- Sí, con mucho gusto. — Yes, gladly.
- Si pudiera, lo haría. — If I could, I would.

MAKE SUGGESTIONS

Nosotros commands
- Trabajemos de voluntarios. — Let's volunteer.
- Ayudemos a los demás. — Let's help others.

¡En español! 3 UNIDAD 2 — ETAPA 2

REACT TO THE ECOLOGY

Environment
- el combustible — fuel
- el efecto — effect
- el medio ambiente — environment
- el planeta — planet
- la población — population
- por todas partes — all around
- los recursos naturales — natural resources
- la tierra — land

Problems
- el aerosol, la capa de ozono — aerosol, ozone layer
- complicado(a) — complicated
- la contaminación del aire — air pollution
- la contaminante, el smog — pollutant, smog
- dañino(a) — damaging
- el derrame de petróleo — oil spill
- la destrucción, el desperdicio — destruction, waste
- echar — to throw away
- inútil — useless
- ¡Qué lío! — What a mess!
- el producto químico — chemical
- ¡A todos nos toca! — It's up to all of us!
- la botella, el cartón, la lata — bottle, cardboard, can

Solutions
- desarrollar — to develop
- descubrir — to discover
- increíble — incredible
- instituir — to institute
- el permiso — permission
- el plástico — plastic
- el programa de reciclaje — recycling program
- prohibir — to prohibit
- proteger — to protect
- reducir — to reduce
- respetar — to respect
- separar — to separate
- el vidrio — glass
- las zonas de reserva ecológica — conservation land

Nature
- la altura — height, altitude
- el bosque, la selva — forest, jungle
- el cielo — sky
- el clima — climate
- la colina — hill
- diverso(a) — diverse
- el ecosistema — ecosystem
- las especies — species
- la fauna, la flora silvestre — wild animal plant life
- la naturaleza — nature
- la piedra — rock
- la sequía — drought
- el valle — valley

SAY WHAT SHOULD BE DONE

Ya sabes
- Es... — It's...
- bueno que, malo que — It's good that, It's bad that
- importante que — It's important that
- lógico que — It's logical that
- mejor que — It's better that
- necesario que — It's necessary that
- peligroso que — It's dangerous that
- posible que — It's possible that
- probable que — It's probable that
- raro que — It's rare that
- ridículo que — It's ridiculous that
- triste que, una lástima que — It's sad that, It's a pity that

¡En español! 3 UNIDAD 2 — ETAPA 3

REACT TO NATURE

In the wild
- el agua dulce — freshwater
- (el) amanecer — dawn; to start the day
- (el) anochecer — nightfall; to get dark
- (el) atardecer — late afternoon; dusk
- bucear — to scuba-dive
- el campamento — camp
- el (la) ecoturista — ecotourist
- la luz, la oscuridad, oscurecer — light, darkness, to get dark
- nadar con tubo de respiración — to snorkel
- navegar por rápidos — to go whitewater rafting
- peligroso(a), salvaje — dangerous, wild
- el refugio de vida silvestre — wildlife refuge
- el sendero — path

Animals, birds and insects
- la ballena jorobada — humpback whale
- la boa constrictor — boa constrictor
- el búho, el halcón — owl, falcon
- la iguana — iguana
- el ocelote, el jaguar — ocelot, jaguar
- el loro, el tucán — parrot, toucan
- la mariposa, el picaflor — butterfly, hummingbird
- el mono araña — spider monkey
- el oso hormiguero — anteater
- el pelícano — pelican
- el pez, el tiburón — fish, shark
- la serpiente — snake
- la tortuga — turtle
- el venado — deer
- el zorrillo — skunk

Camping
- el abrelatas, la navaja — can opener, jackknife
- la almohada, la manta — pillow, blanket
- el fósforo, el fuego, la leña — match, fire, firewood
- la linterna — flashlight
- el saco de dormir — sleeping bag
- la tienda de campaña — tent

Weather
- el aguacero, el huracán, la llovizna — downpour, hurricane, drizzle
- la neblina, la nube — fog/mist, cloud
- el rayo, el relámpago — thunderbolt/flash of lightning, lightning
- soleado(a) — sunny
- el trueno — thunder

Ya sabes
- centígrado — centigrade
- húmedo(a) — humid, wet

EXPRESS DOUBT

Ya sabes
- Dudo que... — I doubt that...
- No creo que... — I don't think that...
- No es cierto que... — It's not certain that...
- No es seguro que... — It's not sure that...
- No es verdad que... — It's not true that...
- quizás / quizá, tal vez — maybe, perhaps
- Es ridículo que... — It's ridiculous that...
- Es triste que... — It's sad that...
- Es una lástima que... — It's a shame that...
- Espero que... — I hope that...
- Me alegro de que... — I'm happy that...
- Ojalá que... — I hope that...
- Siento que... — I'm sorry that...
- Tengo miedo de que... — I'm afraid that...

RELATE EVENTS IN TIME
- cuando, en cuanto — when, as soon as
- hasta que, tan pronto como — until, as soon as

Unidad 2 165
Vocabulario

¡En español! Level 3

Command Forms

To tell someone to do or not do something, use the **command forms.** The **Ud.** and **Uds. command forms** are all formed by taking the **yo** form of a verb, dropping the **-o** and adding the appropriate endings.
- For **Ud.** commands add: **-e** for **-ar** verbs, **-a** for **-er** or **-ir** verbs
- for **Uds.** commands add: **-en** for **-ar** verbs, **-an** for **-er** or **-ir** verbs

Regular **tú** commands look just like the third person indicative.
- The **tú** command has a different form for negative commands.
- For negative **tú** commands add: **-es** for **-ar** verbs, **-as** for **-er**, **-ir** verbs

If the stem of a verb is **irregular** in the **yo form,** it will be irregular in the command form. The endings will be the same as regular commands. **seguir → sigo → ¡Siga!**
Other verbs like this are: **caer, hacer, oir, poner, salir, venir, tener, traer, ofrecer.**
Verbs ending in **-car, -gar, -zar** require spelling changes to keep the pronunciation consistent. (**c → qu, g → gu, z → c**)

Nosotros Commands

To say *let's do something* or *let's not do something,* use **nosotros commands. -ar** verbs end in **-emos, -er** and **-ir** verbs end in **-amos.** If there is a spelling change in the **yo form,** it also appears in the **nosotros command.** Irregular **yo** form: Yo siempre **digo** la verdad.
Nosotros command: **Digamos** la verdad.
Some **irregulars** in the **nosotros command** form are: dar (**demos**), estar (**estemos**), saber (**sepamos**), ser (**seamos**), ver (**veamos**).
Besides the command form, you already know another way to say *let's do something:* **Vamos a** + infinitive. To say *let's not do something,* you must use: **no + nosotros command.**
When you want to say *let's go,* use: **Vamos.** To say *let's not go,* use: **No vayamos.**

Speculating with the Conditional

To talk about what you *should, could, or would do,* use the **conditional tense.** The conditional:
- helps you talk about what would happen under certain conditions
- is used to make polite requests

Verbs ending with **-ar, -er,** and **-ir** all have the same endings in the conditional. You add the endings directly to the **infinitive.**
-ía, -ías, -ía, -íamos, -íais, -ían
If a verb has an **irregular stem** in the **future,** use that same stem to form the conditional. **decir → diré → diría**
decir (**dir-**), hacer (**har-**), poder (**podr-**), poner (**pondr-**), querer (**querr-**), saber (**sabr-**), salir (**saldr-**), tener (**tendr-**), venir (**vendr-**)

The Present Subjunctive of Regular Verbs

When you want to express your **opinion** or **point of view** using the **subjunctive,** use the same endings you use to form the negative command forms.
Some verbs have a spelling change in order to keep the pronunciation the same.
buscar (**busque**), cruzar (**cruce**), pagar (**pague**), recoger (**recoja**)

The Present Subjunctive of Irregular Verbs

Some verbs have irregular forms in the **subjunctive.**
dar (**dé, dés, dé, demos, déis, den**)
estar (**esté, estés, esté, estemos, estéis, estén**)
ir (**vaya, vayas, vaya, vayamos, vayáis, vayan**)
saber (**sepa, sepas, sepa, sepamos, sepáis, sepan**)
ser (**sea, seas, sea, seamos, seáis, sean**)
ver (**vea, veas, vea, veamos, veáis, vean**)
The subjunctive of **haber** is **haya.**
Verbs with **yo forms** that end in **-go** or **-zco** in the present indicative use the same irregular stem in the subjunctive.
decir → **digo** (**diga, digas, diga, digamos, digáis, digan**)
conocer → **conozco** (**conozca, conozcas, conozca, conozcamos, conozcáis, conozcan**)
Other verbs like these are:
caer, hacer, oir, poner, salir, venir, tener, traer, ofrecer

The Present Subjunctive of Stem-Changing Verbs

When you use the **present subjunctive** of **-ar** and **-er** stem-changing verbs, make the same stem-changes as in the present indicative.

e → ie

cierre	cerremos
cierres	cerréis
cierre	cierren

o → ue

vuelva	volvamos
vuelvas	volváis
vuelva	vuelvan

Notice that **-ir** verbs change their stems differently. The stem of **mentir** alternates between **i** and **ie,** and **dormir** alternates between **u** and **ue.**
e → i mienta, mientas, mienta, mintamos, mintáis, mientan
o → u ue, duerma, duermas, duerma, durmamos, durmáis, duerman
The verb **pedir** also has a stem change. The stem changes from **e** to **i** in all forms in the subjunctive.
e → i, pida, pidas, pida, pidamos, pidáis, pidan

The Present Perfect Subjunctive

To form the **present perfect subjunctive,** you use:
present subjunctive of **haber** + **past participle** of the verb
You use the **present perfect subjunctive** to indicate that the action of the subordinate clause took place in the **past.**

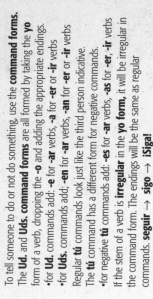

The Subjunctive with Expressions of Emotion

Use the subjunctive after expressions of emotion such as the following:
Es ridículo que..., Es triste que..., Es una lástima que..., Espero que..., Me alegro de que..., Ojalá que..., Siento que..., Tengo miedo de que...
You can use either the **present subjunctive** or the **present perfect subjunctive** after expressions of emotion. Just remember that:
- the **present subjunctive** refers to **present** or **future** time
- the **present perfect subjunctive** refers to the **past**
Es triste que haya tanta contaminación.
Sí. **Ojalá que puedan** reducirla.

The Subjunctive to Express Doubt and Uncertainty

Use the **present subjunctive** after the following **expressions of doubt and uncertainty:**
Dudo que..., No creo que..., No es cierto que..., No es seguro que..., No es verdad que..., Quizá(s)..., Tal vez...
Dudo que tus primos **quieran** acampar con nosotros.
¿Quién sabe? **Quizás** les **interese** la idea.
You can also use the **present perfect subjunctive** after expressions of doubt and uncertainty.
- the **present subjunctive** refers to **present** or **future** time
No es cierto que Julio y Vera **naden** con tubo de respiración.
- the **present perfect subjunctive** refers to the **past**
No es cierto que Julio y Vera **hayan nadado** con tubo de respiración.
Normally, you don't use the subjunctive after the following expressions because they express **certainty,** not doubt.
No dudo que..., Creo que..., Es cierto que..., Es verdad que..., Es seguro que...
Yo **no dudo que** él ya **sabe** navegar por rápidos.

The Subjunctive with cuando and Other Conjunctions of Time

You use the **subjunctive** after certain **conjunctions of time** to show that you are not sure when or if something will happen.
cuando, en cuanto, hasta que, tan pronto como
You use the **indicative** with the same **conjunctions of time** if the **main clause** refers to the present or the past. Using the **indicative** shows that you are already **certain** of the outcome of the action described in the subordinate clause.
Subjunctive (not sure of outcome)
Bucearán hasta que **anochezca.**
Indicative (certain of outcome)
Bucearon hasta que **anocheció.**

166 Unidad 2
Gramática

DESCRIBE PERSONAL CELEBRATIONS

Graduation

agradecer	to thank
el apoyo	support
apreciar	to appreciate
el birrete	cap
brindar	to make a toast
el brindis	toast
la ceremonia de graduación	graduation ceremony
el desfile	parade, procession
el diploma	diploma
el discurso	speech
emocionarse	to be thrilled, touched
la enhorabuena	congratulations
el éxito	success
la generosidad	generosity
generoso(a)	generous
el (la) graduando(a)	graduate
graduarse	to graduate
llevar a cabo	to accomplish
Mil gracias	Many thanks
orgulloso(a)	proud
los padrinos	godparents
la toga	gown
valer la pena	to be worthwhile

The future

avanzar	to advance
camino	path, road
imponer	to impose
orgullo	pride
tropiezo	setback
vencer	to defeat, to overcome

SAY WHAT PEOPLE WANT

The subjunctive for expressing wishes

dejar	to allow
exigir	to demand
insistir en que	to insist on
oponerse a	to oppose
prohibir	to prohibit
rogar (ue)	to beg
suplicar	to ask, to plead

Ya sabes

aconsejar	to advise
desear	to desire
esperar	to hope, wait
mandar	to order
pedir (i)	to request
permitir	to permit
querer (ie)	to want
recomendar (ie)	to recommend
sugerir (ie)	to suggest

LINK EVENTS AND IDEAS

Conjunctions

a menos que	unless
con tal de que	provided that, as long as
en caso de que	in case
para que	so that

Ya sabes

antes (de) que	before

TALK ABOUT HOLIDAYS

Actions

festejar, patrocinar	to celebrate, to sponsor
pasarlo bien	to have a good time
¡Buen provecho!	Enjoy! (your meal)
¡Próspero Año Nuevo!	Happy New Year!

Expressions

Muy amable.	That's kind of you.
No hay de qué.	It's nothing.

Give thanks

Foods

el arroz...	rice...
con dulce	rice-coconut milk dessert
con gandules	rice and pigeon peas
con leche	sweet rice-milk dessert
el budín	pudding
el coquito	eggnog
los guineítos en escabeche	small green bananas in garlic, vinegar, red pepper and oil
el lechón asado	roast suckling pig
el pastel	tamale-like mixture of plantain, yuca and meat
el pavo	turkey
el tembleque	coconut-milk custard

Holidays

la Hanuka	Hanukkah
la Navidad	Christmas
las Pascuas	Easter
la quinceañera	Fifteenth birthday
El Día de...	
Acción de Gracias	Thanksgiving
la Amistad	Valentine's Day
la Independencia	Independence Day
las Madres/de los Padres	Mother's/Father's Day
la Raza	Columbus Day

People and Things

el anfitrión, la anfitriona	host, hostess
el Año Nuevo, la despedida del año	New Year, New Year's Eve
la campana, la campanada	bell, tolling of the bell
el cohete, el ruido	firecracker, noise
los fuegos artificiales	fireworks
la fiesta continua, la gala	party in stages, big/formal party
individual	
la madrugada	early morning, dawn
el motivo	purpose
el (la) músico(a), la orquesta	musician, orchestra
la radioemisora	radio station
típico(a)	typical, regional

Ya sabes

De nada. Es un placer.	You're welcome. It's a pleasure.
Gracias.	Thank you.
Mil gracias.	Many thanks.
Se lo agradezco.	It's really appreciated.

HYPOTHESIZE

Use conditional sentences

Si vas a la fiesta, te divertirás.

Si fueras a la fiesta, te divertirías.

EXPRESS DOUBT AND DISAGREE

Ya sabes

dudar que	to doubt that
Es imposible que	It's impossible that
Es improbable que	It's improbable that
no creer que	to not think that
no es cierto que	it's not true that
no es verdad que	it's not true that
no estar seguro (de) que	to not be sure that
no opinar que	to not be of the opinion that
no pensar (ie) que	to not think that

DESCRIBE IDEALS

Ya sabes

buscar	to look for
no hay nada	there is nothing
no hay nadie	there is nobody
¿Hay algo...?	Is there anything...?
¿Hay alguien...?	Is there anyone...?

DESCRIBE HISTORIC EVENTS

Columbus Day

acudir	to attend
el (la) almirante	admiral
la banda, la procesión	band, procession
el descubrimiento	discovery
el faro	lighthouse
sonar (ue)	to sound, to ring

Abolition of slavery

los antepasados	ancestors
la bomba, la plena	Afro-Caribbean dance
el conjunto	musical group
commemorar	to commemorate
la costumbre	custom
el Día de la Abolición de la Esclavitud	Abolition Day
enfrentar	to confront
el (la) esclavo(a)	slave
honrar	to honor
la injusticia, justo(a)	injustice, just/fair
la lucha	fight
el (la) opresor(a)	oppressor
el (la) proponente	supporter
solemne	solemn

Government

la constitución, la democracia	constitution, democracy
conservador(a)	conservative
democrático(a)	democratic
el derecho	the right (legal)
el ejército	army
el gobierno	government
la ideología	ideology
la ley	law
liberal	liberal
la monarquía, el poder	monarchy, power

Leaders

el (la) alcalde(sa)	mayor
el (la) gobernador(a)	governor
el (la) líder	leader
el (la) presidente(a)	president
la reina, el rey	queen, king

Patriotism

la competencia	competition
el ensayo	essay
la patria, el (la) patriota, patriótico(a)	country, patriot, patriotic
el patriotismo	patriotism

EXPRESS EMOTION AND DOUBT

Ya sabes

dudar, es dudoso	to doubt, it's doubtful
es improbable	it's improbable
es verdad	it's true
estoy seguro(a)	I'm sure
no estoy seguro(a)	I'm not sure
no creer	to not believe
creer	to believe
pensar (ie)	to think

STATE CAUSE AND EFFECT

The subjunctive

Vamos a la celebración a menos que no haya tiempo.

Podemos quedarnos hasta que la banda empiece a tocar.

MAKE SUGGESTIONS AND WISHES

The subjunctive

Busco un conjunto que sepa tocar la bomba y plena.

El gobernador quiere que participemos en la procesión.

167

Unidad 3 Vocabulario

Summary of the Subjunctive (Part I)

You use the **subjunctive** in Spanish in subordinate clauses when the main clause expresses:

• **wishes:** querer, recomendar, insistir en, aconsejar, etc.
• **emotion:** alegrarse, sentir, esperar, ojalá, es bueno/malo/mejor que, etc.
• **doubt, disagreement,** and **denial:** no creer/pensar, dudar, no es cierto/verdad que, etc.

When a sentence has a subordinate clause, the main clause will be in the **indicative** and the subordinate clause in the **subjunctive.** The tense you use in the main clause will help you determine which tense to use in the subordinate clause.

Main clause (Indicative)	Subordinate Clause (Subjunctive)
if present, future, present perfect	use present
if present	use present perfect (if action before main clause)
if preterite, imperfect, conditional, past perfect	use imperfect

Summary of the Subjunctive (Part 2)

You have also learned to use the **subjunctive** after the **nonexistent** or the **indefinite.** Phrases which trigger this use are:

No hay nada/nadie que...
Busco/Necesito/Quiero algo/alguien que...
¿Hay algo/alguien que...?
¿Conoces a alguien que...?

Use the **subjunctive** with these **conjunctions of time,** but only if the main clause has a **command** or refers to the **future:**
cuando, en cuanto, después (de) que, tan pronto como, hasta que

You do not use the subjunctive if the **conjunction** is in a **past-tense** context.

Use the subjunctive with these **conjunctions of time,** in all situations.
antes (de) que, con tal (de) que, a menos que, para que, en caso (de) que

Subjunctive vs. Indicative

Use the subjunctive:
• after expressions of **doubt**
• to make **suggestions** or **recommendations**

Use the indicative:
• to express **certainty**
• to report actions

Subjunctive with Nonexistent and Indefinite Antecedents

If you want to say that something **may not exist,** you use the subjunctive.

No hay orquesta que me **guste.**
No conozco a nadie que lo **pase** bien.

Expressions that trigger this use of the **subjunctive** include:

No hay...que
No hay nadie que...
No hay nada que...
No hay ningún/ninguna...que...

A related way to use the subjunctive is in subordinate clauses that are **indefinite** or **uncertain.**

Buscamos músicos que **sepan** tocar música bailable.

Words and **expressions** that trigger this use of the **subjunctive** include:

Buscar/Querer/Necesitar...que
¿Hay algo/alguien que...?
¿Conoces a alguien que...?
¿Tienes algo que...?

The Subjunctive for Disagreement and Denial

Another way to use the **subjunctive** forms you have already learned is to express **doubt** or **disagreement.**

¿Sabes si mamá invitó a doña Laura?
Yo creo que sí, pero **es improbable que venga.**

The following phrases express doubt or disagreement:

dudar que, Es imposible que..., Es improbable que..., no creer/no pensar, No es cierto que..., No es seguro que..., No es verdad que..., no estar seguro de que..., no opinar que...

Conditional Sentences

In Spanish, many sentences are composed of a **si-clause** (if-clause) and a main clause.

To predict a future result based on an initial action, use the **present tense** in the **si-clause** and the **future** in the main clause.

Si **vienes,** lo **pasarás** bien.

In order to say what things would be like if circumstances were different, use the **imperfect subjunctive** in the **si-clause** and the **conditional** in the main clause.

Si **vinieras,** lo **pasarías** bien.

In both of the above cases, the clauses can be switched.

Lo **pasarás** bien si **vienes.**
Lo **pasarías** bien si **vinieras.**

The Subjunctive for Expressing Wishes

Use the subjunctive after verbs like **querer que** and **preferir que** to indicate that one person wants someone else to do something.
Rosanna **quiere que** sus padrinos la **acompañen.**

You also use the subjunctive after other verbs, like the ones below, that express wishes.

dejar, exigir, insistir, oponerse a, prohibir, rogar, suplicar, aconsejar, desear, esperar, mandar, pedir, permitir, querer, recomendar, sugerir

You only use the **subjunctive** with these **verbs** when there is a **change of subject.** When there is no change of subject, you use the infinitive. Compare:
Yo **quiero que** tú **asistas** a la ceremonia.
Yo **quiero asistir** a la ceremonia.

The Subjunctive with Conjunctions

In addition to the other ways that you already know to use the subjunctive, you always use the subjunctive after these **conjunctions: a menos que, con tal (de) que, en caso de que, para que, antes (de) que**
Iremos a la fiesta **a menos que** no nos inviten.
Vendrán a la fiesta **con tal de que** los **invites.**

Where is **no change of subject** in the sentence, you use the **infinitive** instead of the subjunctive. Compare:
Yo necesito felicitar al graduando **antes de que** él **salga.**
Yo necesito felicitar al graduando **antes de salir.**

The Imperfect Subjunctive

Use the imperfect subjunctive instead of the present subjunctive when the context of the sentence is in the past. Compare:
Los padrinos **quieren** que **felicitemos** al graduando. (**present**)
Los padrinos **querían** que **felicitáramos** al graduando. (**past**)

Form the imperfect subjunctive by removing the **-ron** ending of the **ellos/ellas/Uds.** form of the **preterite** and adding a special set of **endings.** The endings are the same for **-ar, -er,** and **-ir** verbs. Notice the accent in the **nosotros** forms.

hablara	habláramos
hablaras	hablarais
hablara	hablaran

Los padres de la graduanda **querían** que nosotros **comiéramos** con ellos.

If a verb is **irregular** in the **ellos/ellas/Uds.** form of the preterite, like the verb **ir (fueron),** the verb will also be irregular in the imperfect subjunctive **(fuera).**

¡En español! Level 3

Coursework

DESCRIBE YOUR STUDIES

la administración de empresas — business administration
la agronomía — agronomy
el campo de estudio — field of study
la carretera — road, highway
el comercio — business
la contabilidad — accounting
el dibujo técnico — technical drawing
el diseño — design
la educación — education
las finanzas — finance
las humanidades — humanities
la informática — computer science
la ingeniería civil — civil engineering
la ingeniería mecánica — mechanical engineering
el mercadeo — marketing
la publicidad — publicity
las relaciones públicas — public relations
las ventas — sales

Abilities and Experience

adaptarse — to adapt oneself
capacitado(a) — qualified
correr riesgos — to take risks
desempeñar un cargo — to carry out a responsibility
emprendedor(a) — enterprising
encargarse de — to take charge of
estar dispuesto(a) — to be willing to
la formación — training, education
superarse — to get ahead, to excel
tomar decisiones — to make decisions

Written Information

el currículum vitae — résumé
los datos — facts, information
el doctorado — doctorate
el estado civil — civil status
la estatura — height
la fecha de nacimiento — date of birth
la firma — signature
la licenciatura — university degree
la maestría — Master's degree
el paquete — package
el sobre — envelope
solicitar — to request, to apply for
la solicitud — application

ASK QUESTIONS

Ya sabes

¿Adónde? — Where to?
¿Dónde? — Where?
¿De dónde? — From where?
¿Cómo? — How?
¿Cuándo? — When?
¿Cuántos/Cuántas? — How much/many?
¿Cuál(es)? — Which? (choosing items)
¿Para qué? — For what purpose?
¿Por qué? — Why?
¿Qué? — What?
¿Quién(es)? — Who?
¿A quién(es)? — Whom?
¿De quién(es)? — Whose?

SAY WHAT YOU ARE DOING
The Present Progressive Tense
Estoy estudiando para el examen. — I am studying for the exam.

SAY WHAT YOU WERE DOING
The Past Progressive Tense
El viernes a las ocho estábamos asistiendo a la clase. — On Friday at eight we were attending class.

Professions

TALK ABOUT CAREERS

el (la) abogado(a) — lawyer
el (la) agricultor(a) — farmer
el (la) arquitecto(a) — architect
el (la) artesano(a) — artisan
el (la) asistente — assistant
el bailarín / la bailarina — dancer
el (la) cartero(a) — mail carrier
el (la) contador(a) — accountant
el (la) deportista — athlete
el (la) diseñador(a) gráfico(a) — graphic designer
el (la) dueño(a) — owner
el (la) empleado(a) — employee
el (la) entrevistador(a) — interviewer
el (la) gerente — manager
el (la) ingeniero(a) — engineer
el (la) jardinero(a) — gardener
el (la) juez(a) — judge
el (la) mecánico(a) — mechanic
el (la) niñero(a) — babysitter
el (la) obrero(a) — worker
el (la) operador(a) — operator
el (la) peluquero(a) — hairstylist
el (la) secretario(a) — secretary
el (la) taxista — taxi driver
el (la) técnico(a) — technician
el (la) veterinario(a) — veterinarian

Personal background

el conocimiento — knowledge
el entrenamiento — training
las habilidades — capabilities
la puntualidad — punctuality

In the workplace

aumentar — to increase
los beneficios, el sueldo, el seguro médico — benefits, salary, health insurance
el bufete, la carrera — law office, career
el chismoso(a) — gossip
el coche — car
el contrato — contract
la desventaja, la ventaja — disadvantage, advantage
el empleo, la empresa — job, business
ganarse la vida, jubilarse — to earn a living, to retire
el puesto — position
requerir (ie), el requisito — to require, requirement
trabajo a tiempo completo — full-time job
trabajo a tiempo parcial — part-time job

CONFIRM AND DENY

Affirmative/Negative expressions

a menudo, muchas veces — often
a veces — sometimes
ni...ni — neither...nor
o...o — either...or
alguno, algo, alguien — some, something, someone/somebody
ninguno, nada, nadie — none, nothing, no one/nobody
jamás — never
nunca, siempre — never, always
también — also
tampoco — neither

EXPRESS EMOTIONS
Past perfect subjunctive
Sentía que no me hubieran ofrecido el puesto. — I was sorry that they hadn't offered me the job.

HYPOTHESIZE
Conditional perfect
Si tuviera el entrenamiento, me habrían ofrecido el puesto. — If I had the training, they would have offered me the job.

Careers in Spanish

LEARN ABOUT LATIN AMERICAN ECONOMICS

el (la) académico(a) — academic
el (la) agente de ventas — sales agent
el (la) banquero(a) — banker
el (la) bibliotecario(a) — librarian
el (la) corresponsal — correspondent
el (la) diplomático(a) — diplomat
el (la) financiero(a) — financial expert
el (la) intérprete, el (la) traductor(a) — interpreter, translator
el (la) trabajador(a) social — social worker

Industries

la agricultura, el maíz, el trigo — agriculture, corn, wheat
los cereales — grains
el cobre, el hierro, la industria — copper, iron, industry
la exportación, exportar — export, to export
la importación — import
la ganadería, el ganado — livestock industry, livestock
la industria pesquera — fishing industry
la minería — mining
el perfil económico — economic profile
el petróleo, la refinería — petroleum, refinery
principal — principal
los productos forestales — forestry products
las telecomunicaciones — telecommunications
los textiles — textiles
el turismo — tourism
la unidad monetaria — currency

Statistics

comparar — to compare
las estadísticas, por ciento, el porcentaje — statistics, percent, percentage
mil millones, un millón de millones — billion, trillion
la mitad de, el tercio, el quinto — one half of, one third, one fifth
el promedio — average
sumar — to add

Types of Companies

Ya sabes

la bolsa de valores — stock exchange
la fábrica — factory
el laboratorio — laboratory
multinacional — multinational
la sociedad anónima (S.A.) — corporation (Inc.)

un cuarto, un décimo — one fourth, one tenth
la mayoría — majority
medio(a) — half

EXPRESS POSSESSION

Ya sabes

mi/mío(a) — my/mine
tu/tuyo(a) — your (fam.)/yours (fam.)
su/suyo(a) — your (for., pl.), his, her/yours (for.), his, hers, its
nuestro(a) — our/ours
vuestro(a) — your (pl. fam.)/yours (pl. fam.)
su/suyo(a) — your (pl.), their / yours (pl.), theirs

EXPRESS PAST PROBABILITY
The future perfect tense
No sé dónde está Elmer. Fue a la oficina. Habrá encontrado más trabajo allí. — I don't know where Elmer is. He went to the office. He must have found more work there.

AVOID REDUNDANCY

Ya sabes

yo, tú, usted, él, ella — I, you (fam.), you (for.), he, she
a mí, a ti — to me, to you
nosotros — we
vosotros — you (fam. pl.)
ustedes, ellos, ellas — you (for., pl.), they, they (fem.)

Unidad 4
Vocabulario
169

Interrogative Words

The following words are used to ask questions:

¿Adónde?, ¿A quién(es)?, ¿Cómo?, ¿Cuál(es)?, ¿Cuándo?, ¿Cuántos/Cuántas?, ¿De dónde?, ¿De quién(es)?, ¿Dónde?, ¿Para qué?, ¿Por qué?, ¿Qué?, ¿Quién(es)?

When you ask someone to repeat what they just said, use **¿Cómo?** rather than **¿Qué?** It is more polite.

The meaning of **¿Cómo?** changes depending on whether you use it with **ser** or **estar**: **¿Cómo es** Laura? (asks about appearance, character, personality) **¿Cómo está** Laura? (asks about her health)

Don't forget to write Spanish question words with an accent mark.

The Present Progressive

The **present progressive** tense is used to say what is happening right now. The present progressive is like the **-ing** form (gerund) of a verb in English. —What are you **doing?**, —I am **studying.**

To form the **present progressive** tense use: present tense of **estar** + present participle

You already know the forms of **estar**. To form the **present participle,** drop the ending of the infinitive and add the appropriate ending.

When you have **object pronouns** or **reflexive pronouns** with the present progressive, you can either:

- place the pronouns before **estar: Me** estoy bañando.
- or attach them to the **present participle:** Estoy bañándome.

When you attach the pronouns, you add an **accent mark** to the **a** or **e** before **-ndo.**

The Progressive with ir, andar, and seguir

You already know that you can use the **present progressive** tense to say what you are doing right now. You can also use the verbs **ir, andar,** and **seguir** instead of **estar** with the **present participle.**

Each of these verbs has a special meaning in progressive constructions.

ir + present participle: Anita **se va adaptando** a su puesto.

Anita is (slowly but surely) adjusting to her job.

andar + present participle: Isabel **anda buscando** trabajo.

Isabel is going around looking for work.

seguir + present participle: Isabel **sigue buscando** trabajo.

Isabel is still looking for work.

The Past Progressive

Use the past progressive to emphasize that an action was in progress at a particular time in the past. It is usually formed by using: imperfect form of **estar** + present participle

You can also use the **past progressive** to emphasize that an action continued in the past for a specific period of time until it came to an end. This is formed by using: preterite of **estar** + present participle

Affirmative and Negative Expressions

You have learned many words that you can use in **negative** and **affirmative** sentences: **a menudo, muchas veces, a veces, ni...ni, o...o, algo, alguien, alguno, siempre, también, nada, nadie, ninguno, nunca, jamás, tampoco**

- Spanish uses a **double negative:** when a **negative** word follows the **verb,** use **no** before the **verb.**
- But when you use a **negative** word before the **verb,** omit **no.**

Affirmative and **negative adjectives** agree with the nouns that they modify: algunas empresas, ninguna muchacha

Alguno and **ninguno** change to **algún** and **ningún** when they come before a **masculine singular noun.**

Past Perfect Subjunctive

You can use the **past perfect subjunctive** to say that you wish that things had happened differently than they did. For example, use it after **ojalá que** to express a wish about something that didn't happen.

To form the **past perfect subjunctive,** use: past subjunctive of **haber** + **past participle** of the verb

You can also use the **past perfect subjunctive,** like the present perfect subjunctive, to say that one action took place before another action. You use the **past perfect subjunctive** when the verb of the main clause is in the **imperfect** or the **preterite.** Compare:

Espero que **te hayan dado** el puesto.

Esperaba que **te hubieran dado** el puesto.

The Conditional Perfect Tense

You use the **conditional perfect** to say that you *would have done* something:

Yo **habría trabajado.**   **Habríamos estudiado.**

To form the **conditional perfect** tense, use: conditional of **haber** + **past participle** of the verb

The conditional perfect is most commonly used to say what might have been if things had been different. In these sentences, you use the **past perfect subjunctive** and the **conditional perfect** together.

Contrast the meaning of the three types of conditional sentences you have learned.

Si **solicitas** el empleo, lo **conseguirás.** (present tense, future tense)

Si **solicitaras** el empleo, lo **conseguirías.** (imperfect subjunctive, conditional)

Si **hubieras solicitado** el empleo, lo **habrías conseguido.** (past perfect subjunctive, conditional perfect)

Subject and Stressed Object Pronouns

Most often, you do not use **subject pronouns** in Spanish because the verb ending shows who the subject is. When you do include them, it is because you wish to add emphasis, clarify, or make a contrast.

- to show emphasis

Yo le di las estadísticas, no Roberto.

- to make a comparison or clarify

Él salió. **Ella** se quedó en casa.

You use the prepositional **a** + **subject pronouns** to clarify who the object of a sentence is, except in the case of **yo** and **tú.** Here special object pronouns are used (**mí, ti**).

El profesor les dio el reportaje **a ellos.**

No me lo dio **a mí.**

The **subject pronouns** are:

yo, tú, usted, él, ella, nosotros, vosotros, ustedes, ellos, ellas.

The **object pronouns** are:

a mí, a ti, a usted, a él, a ella, a nosotros, a vosotros, a ustedes, a ellos, a ellas

Possessive Pronouns

You use **possessive adjectives** and **pronouns** to express possession. **Possessive adjectives: mi, tu, su, nuestro(a), vuestro(a), su**   **Possessive pronouns: mío(a), tuyo(a), suyo(a), nuestro(a), vuestro(a), suyo(a)**

Aquí están **mis** datos.   Los datos son **míos.**

Aquí está **mi** reportaje.   Ese reportaje es **el tuyo.**

Allí está **tu** reportaje.

Note that **possessive adjectives** are used with **nouns,** while **possessive pronouns** replace them:

—Tu **carrera** es interesante.

—Sí, pero **la tuya** es más interesante que **la mía.**

The Future Perfect Tense

You use the future perfect tense to express what will have happened by a certain time. To form this tense, use:

future of **haber** + **past participle** of the verb

habré terminado	habremos terminado
habrás terminado	habréis terminado
habrá terminado	habrán terminado

—Llegaremos a las dos.

—Pero a esa hora, nosotros ya **habremos salido.**

You also use the **future perfect** to speculate about something that may have happened in the past.

—Todavía no han llegado tus primos.

—Se **habrán perdido.**

¡En español! 3 UNIDAD 5 — ETAPA 1

DISCUSS ART FORMS

Art and paintings
- el óleo — oil (painting)
- el autorretrato — self-portrait
- el cuadro, el cuadro histórico — painting, historical painting
- la escuela, la figura — school (of art), figure
- el fondo — background
- el fresco — fresco
- la naturaleza muerta — still life
- el paisaje — landscape
- la perspectiva, el primer plano — perspective, foreground
- el retrato — portrait
- el siglo — century
- el tapiz — tapestry

Ya sabes
- el bote, la orilla, el océano — boat, shore, ocean
- el ejército, luchar contra — army, to fight against
- el (la) opresor(a) — oppressor

Dance
- el (la) bailaor(a), el (la) cantaor(a) — flamenco dancer, flamenco singer
- el cante, el cante jondo — flamenco song, tragic flamenco song
- dar palmadas — to clap hands
- dar golpes — to stamp
- el flamenco — flamenco-style dancing
- interpretar — to interpret
- la jota, la sardana — Aragonese folk dance, Catalan folk dance
- la saeta — Andalusian song
- el tablado — stage floor
- el tablao — flamenco group
- el zapateado — rhythmic heel tapping

Literature
- la autobiografía, la biografía — autobiography, biography
- el cuento, el drama, la ficción, la poesía — short story, drama, fiction, poetry
- la producción — production

Music
- el compás, el ritmo, el son — rhythm/beat, rhythm, sound/rhythm
- la letra — lyrics
- la melodía — melody
- el recital — recital
- el repertorio — repertoire

Musical instruments
- el arpa (fem.) — harp
- las castañuelas, las maracas — castanets, maracas
- la pandereta, el tambor — tambourine, drum
- la trompeta, el violín — trumpet, violin

Ya sabes
- la música, la guitarra, el piano — music, guitar, piano
- el concierto — concert
- cantar, tocar — to sing, to play
- el ensayo — essay
- la novela — novel
- la obra teatral — theatrical work, play
- el poema — poem

IDENTIFY AND SPECIFY

Ya sabes
- este, esta, estos, estas — this
- éste, ésta, éstos, éstas — this one
- ese, esa, esos, esas — that
- ése, ésa, ésos, ésas — that one
- aquel, aquella, aquellos, aquellas — that (over there)
- aquél, aquélla, aquéllos, aquéllas — that one (over there)
- esto, eso, aquello — this, that

REQUEST CLARIFICATION

¿Qué? vs. ¿Cuál?
- ¿Cuál es el cante jondo?
- ¿Cuál prefieres, el flamenco o la jota?

EXPRESS RELATIONSHIPS

Relative pronouns
- Ésta es la bailaora que vimos anoche.
- Aquél es el cantaor con quien hablamos.

¡En español! 3 UNIDAD 5 — ETAPA 2

DESCRIBE ARTS AND CRAFTS

Crafts
- el bordado — embroidery
- bordado(a) — embroidered
- decorado(a) — decorated
- el jade — jade
- labrado(a) — worked, cut
- el mural, el (la) muralista — mural, muralist
- precioso(a) — precious, valuable
- tallado(a) — carved
- el tejido — weaving

Dances
- el baile folklórico — folk dance
- la bamba — dance from Veracruz
- la cumbia — cumbia
- la danza — dance
- la habanera — dance from habanera
- el jarabe tapatío — dance from Guadalajara
- el mambo — mambo
- el merengue — merengue
- el tango — tango

The new world
- abrir el paso — to open the way
- avanzado(a) — advanced
- la cifra — number, numeral
- la civilización — civilization
- el conquistador — conqueror
- la creencia — belief
- el cronista — chronicler
- la descendencia — descendance
- descifrar — to decipher
- los jeroglíficos — hieroglyphics
- el Nuevo Mundo — the New World
- la pirámide — pyramid
- precolombino(a) — pre-Columbian
- reflejar — to reflect
- las ruinas — ruins
- la técnica — technique
- el templo — temple
- la tradición — tradition

REFER TO PEOPLE AND OBJECTS

Direct objects
- —¿Viste el Templo Mayor cuando fuiste a México?
- —Sí, lo vi.

Indirect objects
- —¿Qué te puedo traer de Chiapas?
- —¿Me puedes traer un tejido tradicional?

EXPRESS RELATIONSHIPS

Relative pronouns
- Ésta es la Pirámide del Sol, la que visitamos cuando fuimos a México.

MAKE GENERALIZATIONS

Lo que
- Para las culturas precolombinas, lo que consideramos el descubrimiento del Nuevo Mundo no fue un descubrimiento verdadero.

¡En español! 3 UNIDAD 5 — ETAPA 3

TALK ABOUT LITERATURE

Literature
- el clímax — climax
- el (la) cuentista — short story writer
- el estilo — style
- el final — ending
- el género — genre
- el (la) novelista — novelist
- el personaje — character
- el (la) poeta(poetisa) — poet
- la prosa — prose
- el (la) protagonista — protagonist
- la sátira — satire
- titularse — to be titled
- el título — title
- la trama — plot
- tratarse de — to be about

Literary criticism
- amenazador(a) — threatening
- cibernético(a) — relating to cyberspace
- ciego(a) — blind
- contemporáneo — contemporary
- creativo(a) — creative
- el (la) crítico(a) — critic
- culminar — to culminate
- dentro del alcance — within reach
- derivado(a) — derivative, unoriginal
- deslumbrante — dazzling
- dramático(a) — dramatic
- elogiar — to praise
- emocionante — exciting
- expresivo(a) — expressive
- formulista — formulaic
- impresionante — impressive
- innovador(a) — innovative
- irónico(a) — ironic
- original — original
- predecible — predictable
- el Premio Nóbel — the Nobel Prize
- el realismo mágico — magical realism
- el romanticismo — romanticism
- simbólico(a) — symbolic
- el simbolismo — symbolism
- sin embargo — nevertheless

TALK ABOUT FILM

Films
- el (la) cineasta — filmmaker
- el (la) cinematógrafo(a) — cinematographer
- el (la) director(a) — director
- dirigir — to direct
- el guión — script
- el (la) guionista — scriptwriter
- hacer el papel — to play the role

AVOID REDUNDANCY

Double object pronouns
- —¿Tienes la revista de arte para Marisol?
- —No, ya se la di.

Nominalization
- —¿Cuál de los libros prefieres — el de Matute o el de Lorca?
- —Prefiero el de Lorca.
- —¿Y entre las novelas contemporáneas y las tradicionales?
- —Me gustan más las contemporáneas.

¡En español! 3 UNIDAD 5

Demonstrative Adjectives and Pronouns

- You use **demonstrative adjectives** to point out specific things and to show the distance between the speaker and the item.
- **Demonstrative pronouns** are used in place of the adjective and noun. Their forms are the same as demonstrative adjectives, but they have an accent over the first **e.**

this, these *near the speaker*

	masc. sing.	masc. pl.	fem. sing.	fem. pl.
adjectives	este	estos	esta	estas
pronouns	éste	éstos	ésta	éstas

that, those *near the person spoken to*

	masc. sing.	masc. pl.	fem. sing.	fem. pl.
adjectives	ese	esos	esa	esas
pronouns	ése	ésos	ésa	ésas

that, those *not associated with either the speaker or the person spoken to*

	masc. sing.	masc. pl.	fem. sing.	fem. pl.
adjectives	aquel	aquellos	aquella	aquellas
pronouns	aquél	aquéllos	aquélla	aquéllas

- **Demonstrative adjectives** and **pronouns** agree in gender and number with the nouns to which they refer.
- There are also **demonstrative pronouns** that refer to ideas or unidentified things that do not have a specific gender: **esto, eso, aquello.**

¿Qué? vs. ¿Cuál?

Both **qué** and **cuál** can be used to express *what* in English. **Cuál** is also used to express *which*.

Use **qué** to ask someone to **define** or **describe** something. Use **cuál** if you are asking someone to **select** or **make a choice,** and to **identify** or **name** something.

Relative Pronouns

- **Relative pronouns** are used to link information found in different parts of a sentence. The **relative clause** provides additional information about the person or thing mentioned in the first part of the sentence.
- You introduce a **relative clause** with a **relative pronoun.** The most common relative pronoun in Spanish is **que.** You can use it to refer to both people and things.
- **Quien** (and the plural **quienes**) is the **relative pronoun** that is used to refer to people. It is usually used after a **preposition.** There is no accent mark on **quien/quienes** when you use them as relative pronouns.

¡En español! 3 UNIDAD 5

Direct Object Pronouns

You use **direct object pronouns** in Spanish to refer to items or people that have already been mentioned. They are: me, te, lo/la, nos, os, los/las

Third-person direct object pronouns (**lo, la, los, las**) refer to **usted** and **ustedes** as well as to **él, ella, ellos,** and **ellas.**

Direct object pronouns go before the conjugated verb except in **affirmative commands,** where you attach them.

Direct object pronouns come before **conjugated verbs** or attached to **infinitives** and **-ndo** forms.

Indirect Object Pronouns

You use **indirect object pronouns** in Spanish to refer to the person who is **receiving the action** of the verb.

The **Indirect Object Pronouns** are: me, te, le, nos, os, les

- Indirect object pronouns, like the direct object pronouns, **precede the conjugated verbs.**
- Remember that sometimes you use **a + person** to clarify to whom the indirect object pronouns **le** and **les** are referring.
- You attach **indirect object pronouns** to **affirmative commands** just like you do with direct object pronouns.
- You can attach **indirect object pronouns** to **infinitives** and **progressive tenses** or put them before the **conjugated verb.**

More on Relative Pronouns

You have learned to use the **relative pronouns que** or **quien** to provide additional information about people or things already mentioned. You can use the **relative pronouns el que** and **el cual** to show a stronger relationship or provide greater emphasis.

	singular	plural
masc.	el cual el que	los cuales los que
fem.	la cual la que	las cuales las que

You will often use **el que, el cual,** etc. after **prepositions** where you wish to show a stronger relationship or greater emphasis than **que** or **quien** would provide.

Note that in formal uses, such as writing, it is more common to use **el cual** instead of **el que** or **el quien.**

The relative pronoun **cuyo** means *whose.* Remember to make it agree in gender and number with the noun that follows.

Lo que

The relative phrase **lo que** means *what* or *that which.* You use it when there is no direct person, place, or thing in the main clause to which you are referring. It refers to a more generalized idea or concept. When you use **lo que** after **todo,** it means *all that, everything that.*

¡En español! 3 UNIDAD 5

Double Object Pronouns

You have already learned to use **direct** and **indirect object pronouns** to avoid redundancy and to say who an action affects. You can also use these two kinds of object pronouns together. When you do, you put the **indirect object** before the **direct object.**

There is a special rule for verbs with two pronouns when both are **third person:** change the indirect object pronoun to **se.**

le + lo = **se lo**

Don't forget to put **object pronouns** before all **conjugated verbs** except **affirmative commands,** where you attach them. When you attach them, put an accent mark on the verb.

When you use **object pronouns** with **infinitives** and the **-ndo** forms, you can put the pronouns either before or after the verb.

Nominalization

If you want to avoid repeating the same word over again in a sentence, you can use **nominalization.** You can **drop the noun** if it's used with an adjective and use just the **adjective** and **article** instead.

| el **libro** nuevo | → | el nuevo |
| las **películas** cómicas | → | las cómicas |

Me gusta la **camisa** amarilla. No me pondría **la roja.**

This structure also works with **indefinite articles, demonstrative adjectives,** and **numbers.**

More on Nominalization

Here are some other uses of nominalization:

- With possessives:

  | la fiesta **de** Ana María | → | la **de** Ana María |
  | los cuentos **de** este autor | → | los **de** este autor |

  Me interesan las **películas** de Saura, pero me gustan más las **de** Almodóvar.

- With phrases beginning with **de:**

  Hay muchas películas latinoamericanas en el Festival: **cuatro de México** y **dos de Argentina.**

  Lo de is a phrase that doesn't refer to any specific noun. You use it to mean "the matter of", "the news about", etc.

  Lo del Premio Nóbel es muy interesante.

- To shorten clauses:

  | la fiesta **que** vimos | → | la **que** vimos |
  | el programa **de** que te hablé | → | el **de** que te hablé |

  Vimos dos películas **la que** vimos el lunes era mucho mejor que **la que** vimos el martes.

---

172 Unidad 5
Gramática

¡En español! Level 3

¡En español! 3 UNIDAD 6 — ETAPA 1

TALK ABOUT TELEVISION

Equipment

la antena parabólica	satellite dish
cambiar de canal	to change channels
el control remoto	remote control
grabar	to record
la televisión por cable	cable television
la televisión por satélite	satellite television
la videocasetera	videocassette recorder

Programs

los dibujos animados	cartoons
el documental	documentary
en vivo y en directo	live programming
el episodio	episode
el guardaespaldas	bodyguard
el programa de acción	action program
el programa de ciencia ficción	science fiction program
el programa de concurso	game show
el programa de entrevista	talk show
el programa de horror	horror program
el programa de misterio	mystery program
la tele-guía	television guide
el teledrama	mini-series
la teleserie	TV series

Reactions

apto(a) para toda la familia	G-rated
controlar	to control
entretenido(a)	entertaining
influir	to influence
manipular	to manipulate
la percepción	perception
prohibido(a) para menores	R-rated
el público	audience
la reacción crítica	critical response
se recomienda discreción	PG-13 rated
sensacionalista	sensationalist

NARRATE IN THE PAST

Preterite vs. imperfect

Eran las seis de la tarde cuando nos sentamos para ver el documental.

EXPRESS DOUBT AND CERTAINTY

Subjunctive vs. indicative

Veremos la teleserie en cuanto lleguen los abuelos.

Vimos los dibujos animados tan pronto como llegaron los primos.

REPORT WHAT OTHERS SAY

Reported speech

Mamá nos dijo que el documental empieza a las diez.

Mamá nos dijo que no miráramos la película prohibida para menores.

¡En español! 3 UNIDAD 6 — ETAPA 2

TALK ABOUT TECHNOLOGY

Equipment

el altoparlante	speaker
el asistente electrónico	electronic assistant
los audífonos	headphones
la batería, la pila	battery
el beeper	beeper
la computadora portátil	laptop computer
la contestadora automática	answering machine
el equipo estereofónico	stereo equipment
el fax multifuncional	multifunctional fax
la grabadora	tape recorder
el identificador de llamadas	Caller ID™
el radio portátil	portable radio
el teléfono celular, el teléfono inalámbrico	cellular telephone, cordless telephone
el telemensaje	voice mail
el televisor portátil	portable television
la videocámara	videocamera
el Walkman™	Walkman™

Shopping

accesible	available, accessible
la confiabilidad	reliability, dependability
convencer (zo), devolver (ue)	to convince, to return
el descuento	discount
la durabilidad	durability
descompuesto(a), estar roto(a)	broken, to be broken
fijarse en	to notice
la garantía, inigualable	guarantee, unequaled
la marca	brand name
la nitidez	clarity, sharpness
funcionar, respaldado(a)	to work, supported by, backed by
tomar en cuenta	take into account
distinguir entre, equivocarse	to distinguish between, to make a mistake

MAKE CONTRASTS

Ya sabes

a menos que	unless
antes (de) que	before
con tal (de) que, cuando	as long as, when
en caso (de) que	in case (of)
en cuanto, tan pronto como	as soon as
hasta que, para que	until, so that

STATE LOCATIONS

Adverbs/prepositions of location

Ya sabes

afuera	outside
al lado (de)	next to
atrás	in back, behind
detrás (de)	behind
enfrente (de)	facing
abajo (de), debajo (de)	below, underneath
alrededor (de), junto (a)	around, next to
delante (de), frente (a)	in front of, facing
dentro (de), fuera (de)	inside, outside of
encima (de)	on top of

DESCRIBE UNPLANNED EVENTS

Accidents

acabársele (a uno)	to run out of
caérsele (a uno)	to drop
descomponérsele (a uno)	to break down, malfunction
ocurrírsele (a uno)	to dawn on, to occur to
olvidársele (a uno)	to forget
perdérsele (a uno)	to lose something
quedársele (a uno)	to leave something behind
rompérsele (a uno)	to break

¡En español! 3 UNIDAD 6 — ETAPA 3

NAVIGATE CYBERSPACE

Computer equipment

ampliable	expandable
la configuración	configuration
el disco	disk
el disco duro	hard drive
disponible	available
externo(a), interno(a)	external, internal
el fax	fax
el hardware	hardware
la memoria	memory
el micrófono	microphone
el microprocesador	microprocessor
el módem	modem
el monitor	monitor
el tamaño	size
la tarjeta de sonido	sound card
la tarjeta gráfica	graphics card
la tecla, el teclado	key, keyboard
el (la) usuario(a)	user

Cyberspace

el buzón electrónico	electronic mailbox
conectarse a	to connect to
la contraseña	password
el correo electrónico	e-mail
la dirección electrónica	e-mail address
desconectarse de	to disconnect from
en línea	on-line
el enlace	link
el grupo de conversación	chat group
el grupo de noticias	news group
hacer clic/doble clic	to click/double click
el icono del programa	program icon
el Localizador Unificador de Recursos (LUR)	URL
la página-web	web page
la red mundial	World Wide Web
el servicio de búsqueda	search engine
el sitio	site

Software

la base de datos	database
la hoja de cálculo	spreadsheet
el juego interactivo	interactive game
el programa anti-virus	anti-virus program
el software	software

COMPARE AND EVALUATE

Comparatives and superlatives

Este juego es más interesante que el otro.

Aquel programa es el menos interesante.

Yo preparé tantos documentos como Pedro.

EXPRESS PRECISE RELATIONSHIPS

Prepositions

Voy a comprar un sistema de computación.

Quiero uno con base de datos.

Pienso comprarlo en base a una semana.

Ya sabes

acabar de	to have just
acordarse de (ue), olvidarse de	to remember to, to forget to
aprender a	to learn to
ayudar a	to help to
comenzar (ie)/empezar a (ie)	to begin to
dejar de	to stop doing something
enseñar a	to teach to
invitar a	to invite
preparase a	to prepare for
tener ganas de	to feel like
tratar de	to try to

¡En español! Level 3

Preterite vs. Imperfect

Use the **preterite** and the **imperfect** to talk about the past.

Use the **preterite** to describe a **completed** past action.

Use the **imperfect:**
- to talk about ongoing past actions.
- to describe **habitual** or **repeated** actions in the past.

When used together, use the **imperfect** to tell what was **going on** in the background and the **preterite** to express **what happened.**

Some verbs have different meanings in the **preterite** and the **imperfect.**

	preterite	imperfect
saber	supe, *I found out*	sabía, *I knew*
conocer	conocí, *I met*	conocía, *I knew, used to know*
querer	quise, *I tried to*	quería, *I didn't want*
no querer	no quise, *I refused to*	no quería, *I didn't want*
poder	pude, *I could (and did)*	podía, *I was able to (but didn't necessarily do it)*
tener	tuve, *I got*	tenía, *I had*

Indicative vs. Subjunctive

Use either the **indicative** or the **subjunctive** after: **cuando, tan pronto como, en cuanto (de) que, después (de) que, hasta que.**

Use the **subjunctive:**
- when the context is a **command** or a **future** action because the timing of the action (the verb) is still uncertain.

After the same conjunctions, use the **indicative:**
- when the context is in the **past** or **present** because the outcome is already known or certain.
- Use the **subjunctive** after verbs and expressions that indicate **doubt** or **disbelief.**
- Use the **indicative** after verbs and expressions that indicate **certainty** or **opinion.**
- Use the subjunctive after **aunque,** *although,* if you are **not sure** about whether the action of the subordinate clause is happening or not.

Reported Speech

You have already learned two ways to indicate what someone said, **direct quote** or **reported speech:** Carlos **dice que** no sale.

You use the **indicative** to summarize what someone said.
- When you report what someone said (**dijo**), use one of the **past tenses** or the **conditional.**
- When you report what someone **says** or **is saying** (**dice**), use the **future tense, present tense,** or **ir + a + infinitive.**

If you are using **decir** to indicate what someone tells another person to do, use the **subjunctive** to express that idea.

Conjunctions

Always use the subjunctive after these **conjunctions: a menos que, antes (de) que, con tal (de) que, en caso (de) que, para que, sin que.**

- You can use either the **subjunctive** or the **indicative** after the following **conjunctions: cuando, en cuanto, hasta que, tan pronto como.**
- Use the **subjunctive** if the main clause is in the **future** or a **command.**

   Lo veré cuando entre.   Dime cuando entre.

- Use the indicative if the main clause is in the **present** or in one of the **past tenses.**

   Lo veo cuando entra.   Lo vi cuando entró.

- You use the **indicative** after **aunque** (*although, even though, even if*) if the action of the subordinate clause is a **fact.** Use the **subjunctive** if it is just a **possibility.**

   Voy a comprar esa computadora **aunque es cara.** (*It is expensive.*)
   Voy a comprar esa computadora **aunque sea cara.** (*It may be expensive.*)

Pero vs. Sino

The word **pero** is usually the equivalent of the English conjunction *but.* However, there is another word in Spanish, **sino,** that also means *but.* It is used in situations where the idea being conveyed is *not this,* **but** *rather that.*

No vamos a comer carne, **sino** pescado.
No debes vender la computadora, **sino** repararla.

You can also use **sino** with:

   no sólo... sino también...

Compró **no sólo** una computadora portátil, **sino también** un teléfono inalámbrico.

When there is a **conjugated verb** in the second part of the sentence, you use **sino que** instead of **sino.**

No vendí la computadora vieja **sino que** la reparé.

Se for Unplanned Occurrences

You can use a special construction with **se** to indicate that an action was unplanned or unexpected.

   Se le cayeron los libros.   Se nos acabó la leche.

   Se me rompieron los anteojos.

- Notice that the **verb** is always in either the **third-person singular** or **third-person plural.**
- You use an **indirect object pronoun** to say to whom the action occurred.
- To emphasize this relationship, you can also add a phrase consisting of **a** + **the person** (noun or pronoun).

Comparatives and Superlatives

Use the words **más, menos,** and **tan** to make comparisons.
- **más + adjective** or **adverb + que**
- **menos + adjective** or **adverb + que**
- **tan + adjective** or **adverb + como**

To form the **superlative** in Spanish (*the biggest, the greatest, etc.*), you use:
- **definite article + más/menos + adjective**

The adjectives **bueno** and **malo** have irregular comparative and superlative forms.

	comparative	superlative
bueno	mejor, mejores	el/la... mejor, los/las... mejores
malo	peor, peores	el/la... peor, los/las... peores

When you compare **nouns,** you use the same constructions. **Tan** becomes **tanto/tanta/tantos/tantas** to agree with the noun that follows.

Prepositions

You use **prepositions** to clarify locations and to show relationships between people, places and things. Use the preposition **a** to express:
- **motion toward a place**
- how **far away** something is in space or time
- **a point in time**
- units of **measurement**

Use the preposition **en** to express:
- **a period of time**
- **position or location**

You have already used **de** to express possession. You can also use the preposition **de:**
- to form **compound nouns**
- to mark a **characteristic feature**

Use **con** to express the idea of **accompaniment.**

Verbs with Prepositions

Many verbs require the use of a certain **preposition.** With verbs of **motion** such as **bajar, entrar, ir, salir, subir, venir, volver,** etc., you use the preposition **a** when the verb is followed by an **infinitive.** The same is true of the following verbs: **aprender a, ayudar a, comenzar a, empezar a, enseñar a, invitar a, preparse a**

Other verbs require the use of the preposition **de** as part of their essential meaning. This is true of the following verbs: **acabar de, acordarse de, dejar de, olvidarse de, tener ganas de, tratar de**

After **insistir,** you use the preposition **en.**

Remember that **tener que** means *to have to do something* and that **hay que** means *one must, you should.*

¡En español! Level 3